Duérmete,
NIÑO

Dr. Eduard Estivill
Sylvia de Béjar

Duérmete,
NIÑO

Cómo solucionar el problema del insomnio infantil

PLAZA JANÉS

Ilustraciones del interior: Javier Vázquez

Primera edición: diciembre, 2000
Segunda edición: enero, 2001
Tercera edición: mayo, 2001
Cuarta edición: diciembre, 2001
Quinta edición: julio, 2002
Sexta edición: diciembre, 2002
Séptima edición: marzo, 2003
Octava edición: septiembre, 2003
Novena edición: enero, 2004

Printed in Spain – Impreso en España

ISBN: 84-01-37715-3
Depósito legal: B. 2.369 - 2004

Fotocomposición: Comptex & Ass., S. L.

Impreso en Liberdúplex, S. L.
Constitució, 19. Barcelona

L 377153

ÍNDICE

APÉNDICES

PRÓLOGO

Para padres desesperados...

PREGUNTA: ¿Por qué hemos de creer que este libro nos va a arreglar la vida si hasta la fecha todos los consejos que nos han dado para que nuestro hijo durmiera no han servido de nada?

RESPUESTA: Porque **este método ha funcionado en el 96 por ciento de los casos en que se ha aplicado** y, gracias a él, miles de pequeños ya duermen de un tirón... y con ellos, sus padres.

... Y para padres de recién nacidos

PREGUNTA: ¿Por qué nos puede interesar este libro?

RESPUESTA: Porque todos los padres sueñan con tener un bebé que duerma de un tirón y no dé problemas y, si le enseñáis desde un principio, lo tendréis.

1 NUESTRO HIJO NO DUERME, NOSOTROS TAMPOCO

SOBRE CÓMO NOS AFECTA LA FALTA DE SUEÑO

Cuando compramos un electrodoméstico, ponga-
mos por caso, un simple exprimidor de naranjas, un
amable dependiente nos explica cómo usarlo y, por si
no bastara, nos entrega un manual de instrucciones
para solucionar cualquier duda que se nos plantee. Aún
hay más: eficiente como es, no se le ocurre entregar-
nos uno de la marca Zumox, si lo que hemos comprado
es uno de la casa Exprimex y, desde luego, no nos da
el que corresponde al modelo 1996, si lo que hemos
adquirido es una «megamaravilla» de la generación
2010.

Pero cuando se trata de recién nacidos, esas «co-
sitas» tan frágiles y que tanto respeto nos suelen mere-
cer, otro gallo nos canta: ni manual de instrucciones
ni historias, ¡y eso que existen mucho antes que los
exprimidores de naranjas! La cruda realidad es que
cuando abandonamos la clínica con nuestro pequeño
de días en brazos, nos vamos a casa sin más recurso
que nuestras buenas intenciones de hacerlo lo mejor
posible. Y, no pocas veces, eso es menos que suficiente,
sobre todo en lo que se refiere al sueño infantil. Veamos
si no...

Los primeros días, todo suele ir manga por hom-
bro, con ambos cónyuges agotados de no pegar ojo y
de tanto bailar al ritmo que marca el recién llegado.

Aun así, nadie se queja. Todos aceptamos, con mayor o menor agrado, que uno de los cánones que se ha de pagar por la feliz llegada de un hijo es el de dormir poco... al menos durante unas semanas. «No pasa nada», nos decimos sacando ánimo de donde haga falta. «Dentro de un soplo, asunto arreglado. Al fin y al cabo, los Pérez dicen que al tercer mes sus hijos ya dormían de un tirón y ésos sí que saben», sentenciamos, aferrados a la idea de que sus siete vástagos son la prueba irrefutable de que todo se andará.

Pero, ¡horror!, ¿qué pasa si no es así? Qué ocurre si a nuestra «nenita» le da por dejar mal a los Pérez y pasa el tiempo, llega el anhelado segundo trimestre, y Martita sigue haciendo de las suyas: o sea, despertándose y despertando a la familia, tres, cuatro, cinco y no se sabe cuántas veces más noche tras noche.

El caso es que, en cuanto la oyen gimotear, mamá y papá, juntos o por turnos, se levantan y, arrastrando sus pies, como almas en pena, acuden a la cuna de la pequeña para confortarla. La acarician, le dan agua, pecho o biberón, la toman en sus brazos, le hablan, le cantan, la mecen... y, al cabo de unos minutos, Martita vuelve a sucumbir al sueño. Pero el suspiro de alivio dura poco: pasa una hora, una hora y media, tal vez dos, y la escena vuelve a repetirse.

«¿Qué está pasando?», se preguntan desesperados los padres. «¿Qué hemos hecho mal?» «¿Estará enferma?» «¿La mimamos demasiado?» «¿No se siente querida?» «¿Será la angustia de la separación (de madre e hijo, se entiende)?» Esto último suele decirlo mamá —papá se limita a escucharla alucinado—, que a estas alturas ya habrá leído unos seis o siete libros del tipo *Cómo criar a un hijo perfecto en un mundo imperfecto, Triunfa como madre en treinta y siete lecciones* y *Tendencias suicidas en padres de bebés llorones.*

Pero, gracias al cielo, la siempre dispuesta-para-lo-que-haga-falta vecina del 4.º A vendrá en su ayuda: «A la del 2.º B le pasó lo mismo. No os preocupéis, dentro de nada dormirá de un tirón, seguro que tiene cólicos o hambre o cualquier cosa por el estilo.» ¡Lo que ha dicho! Los papás, por fin, ven la luz. ¡Aleluya!, ya tenemos justificación: «Es que la nena sufre de cólicos. Seguro que, cuando se le pasen, dormirá como un lirón. Pobrecita mía, lo que estarás sufriendo. ¡Ven a los brazos de mamá!», cuyas ojeras, por cierto, no se arreglan ni con cuatro capas de corrector y maquillaje, las de papá tampoco, pero es que a él le importa menos, o al menos, eso dice.

Pero sigamos, porque aquí no acaba la cosa. De pobre Martita, nada; si acaso, pobres padres. ¡Serán ingenuos! Lo normal es que se acabe la excusa de los cólicos y les vengan con el cuento de que a la nena le están saliendo los dientes: «¿Cómo pretendéis que duerma si deben dolerle muchísimo», lo que, por otra parte, aún está por demostrarse. A esa excusa le seguirá otra de las «números uno» de la lista de grandes éxitos: «Cuando empiece a andar, solucionado el problema. Ya verás, estará tan cansada de trotar todo el día que caerá redonda.» Pero no, ni por ésas; la nena se hará sus vete-a-saber-cuántos kilómetros diarios, si hace falta una maratón (nosotros detrás y agotados, claro), y a la hora de meterse en la cama, el drama de siempre: ella como nueva, sin ganas de irse a dormir, y nosotros... ¿para qué contar?

Y podríamos seguir, «excusándola» eternamente: cuando se acostumbre a dormir sin chupete, cuando aprenda a hacerlo sin pañal, cuando vaya a la guardería... y así «por los siglos de los siglos». Bueno, es un decir, porque «no te preocupes cariño, el día que se case, dormiremos tranquilos». «Eso, eso, ¡que la aguante su marido!» Pobre Martita, apenas dos años y ya quieren darle puerta.

Por si esta sucesión de «horrores» no bastara, suelen ir unidos a otros factores no menos desestabilizadores: los consejos, críticas y comentarios varios de abuelos, hermanos, amigos, vecinos... ¿Por qué será que todos se creen con derecho a opinar mientras nos miran como si fuéramos unos inútiles o, digámoslo claro de una vez, unos malos padres? Por ejemplo, ¿quién no ha oído aquello de «Los padres de hoy ya no educan como los de antes y, claro, mira lo que pasa» y demás lindezas por el estilo? Y papá y mamá a callar, no vaya a ser que la suegra —la vecina, la tendera, el taxista o quien se tercie— se nos rebote y acabemos estrangulándola de puro ataque de nervios. ¡Ojo!, abogados de prestigio nos han informado que de poco nos valdría alegar enajenación mental transitoria, o sea que manos quietas.

El caso es que los pobres papás —¿por qué será que siempre creemos que cualquiera sabe más que nosotros?— las aguantan de todos los colores mientras prueban lo que sea en busca del tan esperado milagro.

- **Les dicen**: «Dadle hierbas» y ellos se vuelven expertos en infusiones, brebajes y conjuros varios para gozo de la dueña de la herboristería y del sector oscurantista de la familia.
- **Les sermonean**: «Lo que debéis hacer es dejarla llorar hasta que se duerma» y ellos, ¡ea!, a quedarse sordos, para acabar cediendo después de dos horas de histeria y una denuncia del vecino.
- **Les aconsejan**: «Ponedle música clásica» y, prestos, corren a comprarse la última versión de *Las cuatro estaciones* de Vivaldi, cuando lo que les va es la salsa, la rumba y el cha-cha-cha, faltaría más, «que uno es padre, pero sigue siendo joven» (ni que tuviera que ver).
- **Les animan**: «Sacadla a pasear en coche» y, venga, a dar vueltas con el pijama puesto y oyendo a los de al lado diciendo aquello de «¡Mira que salir con una criatura a estas horas! Hay personas a las que se les debería prohibir tener hijos...». Como para pasarle a Martita por la ventanilla: «Pues mire por dónde, se la regalamos.»

CONSECUENCIAS DEL MAL SUEÑO DE LOS NIÑOS

En lactantes y niños pequeños

- Llanto fácil
- Irritabilidad, mal humor
- Falta de atención
- Dependencia de quien lo cuida
- Posibles problemas de crecimiento

En niños en edad escolar

- Fracaso escolar
- Inseguridad
- Timidez
- Mal carácter

En los padres

- Inseguridad
- Sentimientos de culpa
- Mutuas acusaciones de mimarlo
 • Frustración ante la situación
- Sensación de impotencia y fracaso
- Cansancio

En conclusión, ¿resultados de tanto experimento? **Ninguno**, claro está. **La niña sigue sin dormir de un tirón. Sus papás tampoco**.

Esto, que contado así puede resultarnos hasta gracioso, no lo es: el mal dormir tiene consecuencias muy negativas tanto para Martita como para sus padres... ¡y suerte que no hay más pequeños en la casa!

Sólo hace falta fijarse en cómo evoluciona un ser humano en sus primeros años de vida para darse cuenta de los enormes cambios que realiza en tan poco tiempo: un recién nacido tiene poco que ver con un bebé de 4 meses; éste tampoco se parece a un niño de 2 años, ni éste, a su vez, a uno de 4 o 5... Y si estos cambios son obvios desde el punto de vista físico, no lo son menos desde el punto de vista emocional e intelectual. En definitiva, de ser seres totalmente dependientes pasan a ser personas con una vida propia y es evidente que para que todo esto sea posible, y lo sea en las mejores condiciones, necesitarán invertir un montón de energía; energía que recuperarán gracias a una buena alimentación y a un mejor descanso.

Pero ¿qué ocurre si un crío no duerme bien? Donde más se dejan sentir las secuelas es en su actitud vital. Despertarse tantas veces por la noche impide que Martita descanse todo lo que necesita. Esto provoca que esté más inquieta porque, a diferencia de los mayores, el cansancio en lugar de aplacarla, la excita. Es fácil entender que en estas condiciones llore con frecuencia y sin motivo, se ponga de mal humor con suma facilidad, peque de falta de atención y, por culpa de todo ello, dependa excesivamente de las personas que la tienen a su cuidado (mamá apenas puede respirar). A medio y largo plazo, esto puede convertirla en una niña tímida e insegura, con dificultades para relacionarse con los demás e, incluso, provocar el tan temido fracaso escolar.

Aunque todavía no se sabe mucho sobre los efectos de la falta de sueño en la salud infantil, es indudable que un niño «estresado» no tiene las mismas defensas que otro que descansa bien, y una de las consecuencias que sí se han podido comprobar es de las que hacen temblar a más de un padre: la hormona del crecimiento (también denominada somatotropa o GH) se segrega, sobre todo, durante las primeras horas después de iniciado el sueño. ¿Qué significa esto? Que como el sueño de Martita está distorsionado, la secreción puede verse alterada y, en consecuencia, perjudicar su crecimiento. Los niños que duermen mal suelen pagarlo en centímetros y kilogramos de menos.

Y, ¿qué pasa con los padres de Martita? Como podréis imaginar, los padres de la criatura, o lo que queda de ellos, viven bajo una tensión insoportable. No han dormido ni una sola noche de un tirón en dos años (hay quien menos, pero hay quien más). ¡Se dice rápido! ¡Dos años! ¡104 semanas! ¡730 días! Y alguien pretende que tengan paciencia... ¿Se puede saber qué es eso? Hay momentos en que se culpan el uno al otro («Esto pasa porque la malcrías»), otros en que odian a la pequeña («¡Si llego a saberlo no tengo hijos! ¡No la aguanto más!»), para automáticamente sentirse culpables: «¿Cómo puedo ser capaz de pensar eso, si la desgraciada lo debe estar pasando tan mal como nosotros?» Un verdadero infierno. En palabras de los afectados: «Hay que vivirlo para saberlo.»*

¿Alguien da más? Desgraciadamente sí. Basta con escuchar a algunos papás para darse cuenta.

- «Es un drama, ¡qué digo!, un dramón», asegura Ana, que tiene un bebé de 9 meses que nunca ha dormido más de 2 horas seguidas. «Somos como zombies, no rendimos ni como padres, ni como pareja, ni profesionalmente. Vivimos a un tercio de nuestro potencial, porque nuestro agotamiento nos deja inservibles para casi cualquier cosa. Para colmo, estamos tan irritables que nuestra relación de pareja va de mal en peor y, desde luego, no tratas

---

* Aunque pocos, se dan casos en que los padres acaban rechazando a sus hijos, contra los que manifiestan actitudes agresivas: la mayoría de las veces verbales, aunque también físicas.

igual a una hija cuando te sientes relajada y contenta, que cuando estás hecha polvo y con la moral por los suelos.»

- Juan, su marido, se expresa en el mismo sentido: «Yo antes me reía cuando alguien explicaba aquello de que hay parejas que se pelean por culpa del tapón del tubo de pasta dentífrica. Ahora no me hace ni pizca de gracia; hasta esa estupidez provocaría un enfrentamiento entre nosotros. Lo peor es que vivo obsesionado. Por la mañana respiro aliviado, y es un decir, cuando pienso que aún quedan muchas horas antes de que llegue el momento de meter a la cría en la cama. A medida que transcurre el día y se va acercando la hora me voy tensando. Es más, busco excusas para no tener que volver a casa... Supongo que a mi mujer le pasa lo mismo. ¡Así no hay quien viva!»

- Pepe, más optimista, porque su hijo de 18 meses no padece insomnio desde hace uno, comenta: «Nosotros lo llevábamos bastante bien. Nos turnábamos y, como ambos tenemos mucha paciencia, evitábamos estallar por cualquier cosa. Si he de ser sincero, para mí lo peor fue renunciar a tener una vida sexual normal. ¿Alguien se puede imaginar lo que es pasarse todo este tiempo sin poder hacer el amor sin interrupciones? Diecisiete meses, casi nada. Nunca pudimos hacerlo sin oír un llanto o una vocecilla llamando a mamá. Teníamos que parar y, bueno, mi mujer solía decirme: "No te muevas, no hagas nada, manténte como estás, que ahora vuelvo." Y, ¡hala!, a esperar cinco minutos y a seguir, como si el "intermedio publicitario" fuera lo más natural del mundo.»

- Rosa, cuya hija de 3 años acaba de «curarse», explica: «Es como si, durante todo este tiempo, mi marido y yo hubiéramos puesto el botón de "pausa" a nuestra relación. Si he de ser sincera, ni existía. Toda nuestra vida giraba en torno a la niña y la poca energía que nos quedaba la utilizábamos para afrontar nuestra vida cotidiana. Cuando algún familiar nos echaba una mano, nos íbamos a un hotel, pero a dormir, porque, seamos sinceros, no nos quedaban fuerzas para otra cosa. Con decir

EL LÍMITE DE LOS CINCO AÑOS

Un niño que a los 5 años no ha superado su problema de insomnio, tiene más posibilidades de padecer trastornos de sueño el resto de su vida que otro que (ya) duerma bien. La razón de que hablemos de los 5 años como una especie de fecha límite es porque a esta edad un niño suele entender perfectamente lo que le dicen sus padres, y si éstos le piden que no salga de su cuarto y que no dé la lata —amenazas incluidas—, lo probable es que les obedezca, lo que no significa que ya duerma de un tirón. Si ha padecido insomnio, lo seguirá sufriendo, sólo que ahora pasará el mal trago solo. Lo normal es que entonces aparezcan problemas de otro tipo: miedo a irse a la cama, pesadillas, sonambulismo... y, a partir de la adolescencia, insomnio de por vida.

que me quedé dormida en un examen de mi máster. ¡Menudo bochorno!»

- El marido de Rosa confirma sus palabras: «Es cierto. Ha sido durísimo. Al principio, aguantas como puedes, pero al cabo de poco tiempo, estás exhausto. Para colmo, como vas probando todo lo que se te ocurre, te aconsejan, lees, oyes, y la niña sigue sin dormir, te sientes inseguro, impotente, culpable... ¡Y no te pierdas la cara con que te miran los que tienen hijos que duermen! Te tratan como si estuvieras desvariando o fueras un auténtico desastre. En mi caso, la palabra clave es fracasado: me sentía un fracaso como padre, ¡con las ganas que tenía de tener familia numerosa! Rosa y yo hablábamos de tener tres o cuatro críos, pero con este problemón se nos fueron las ganas. Espero que ahora que ya lo hemos solucionado volvamos a animarnos.»

No hace falta seguir, ¿verdad?

Por suerte, no todas las parejas tienen que pasar por este trance, pero, desde luego, el de Martita no es un caso singular. Ni mucho menos. Se calcula que el 35 por ciento de los niños menores de 5 años sufren problemas de insomnio, es decir, tienen problemas a la hora de acostarse, momento que suele convertirse en un drama, y/o se despiertan tres, cuatro, cinco y muchas veces más en una misma noche.

Los últimos estudios sobre el tema indican que esta cifra podría quedarse corta, porque los padres tienen la tendencia a considerar que es normal que un niño de más de 6 meses se despierte varias veces por la noche requiriendo su presencia en su habitación (llanto, «Tengo sed», «¡Mamááá!», etc.). Pues bien, **no lo es**. Cumplido el primer medio año de vida, a lo sumo 7 meses, un pequeño ha de ser capaz de dormirse solo, en su propio cuarto y a oscuras, y hacerlo de un tirón (unas 11 o 12 horas seguidas).

Si vuestro hijo no lo hace os preguntaréis por qué. ¿Qué es lo que ha ocurrido? ¿Qué le pasa? ¿En qué nos hemos equivocado? Olvidaos de lo que hayáis leído u oído hasta ahora. La causa no hay que buscarla ni en los cólicos, ni en el hambre, ni en la sed, ni en el exceso de energía, ni en la adaptación a la guardería, ni... ¡Los tiros no van por ahí!

Lo que ocurre es mucho más simple: vuestro hijo aún **no ha aprendido a dormir**. Suponemos que os estaréis preguntando: «Y eso, ¿qué quiere decir?» Lo descubriréis en breve, en el próximo capítulo, y, si seguís al pie de la letra las «instrucciones», en menos de una semana tendréis a un nuevo dormilón en casa.

En primer lugar, será suficiente con que hagáis borrón y cuenta nueva y que tengáis bien claro desde un principio que vuestro pequeño:

- No padece una enfermedad.
- No tiene un problema psicológico.
- No es un mimado, aunque, a veces, os lo pretendan hacer creer.
- Y, sobre todo, lo que sucede **no es culpa vuestra**.

Sencillamente, **aún no ha aprendido el hábito de dormir**.

Y esto es, precisamente, lo que pretendemos ayu-

daros a enseñarle en este libro, que aspira a ser el
manual de instrucciones relacionado con el sueño infantil, que debieron daros al entregaros a vuestro pequeño. Nuestro objetivo es que logréis lo que finalmente
lograron los padres de Martita: que la niña durmiera
y, con ello, que todos pudieran dormir, ¡y vivir!, en paz.
Como explican ellos mismos: «Después de estar dos
años cayendo por un pozo sin fondo, hemos recuperado la ilusión, la alegría, las ganas de hacer cosas...
¡Es como volver a nacer!»

2

NO LE DURMÁIS VOSOTROS, HA DE LOGRARLO SOLO

Sobre cómo crear el hábito del sueño

• **P**ablo, 9 meses y medio. Su madre explica: «Tenemos cuatro hijos. Los tres primeros nunca han tenido problemas de insomnio, pero este último nos ha pasado factura por todos los anteriores. A Pablo jamás le ha gustado irse a dormir. Desde que nació meterlo en la cuna ha sido un calvario. Nada más "olerla" se le dispara la alarma y berrea como si estuviera en un matadero. Una noche, en que llevábamos horas sin pegar ojo, se nos ocurrió darle un paseo y funcionó. Desde entonces, cada día, después del *Telediario*, mi marido y yo cogemos al niño, lo sentamos en su cochecito y bajamos a la calle. Bastan dos vueltas a la manzana para que se quede dormido. Entonces, volvemos a casa y, con todo el cuidado del mundo para que no se entere, lo metemos en su cuna. Después cenamos y hacemos tiempo a la espera de que Pablo vuelva a espabilarse. Alrededor de la medianoche, empieza a llorar y, con la mayor rapidez posible para que no desvele a los demás críos, lo cogemos, lo volvemos a meter en su cochecito y otra vez a la calle. Una vez dormido, lo ponemos en su cuna y nos metemos en cama. A eso de las tres de la madrugada se vuelve a despertar y mi marido lo baja solo. Me gustaría turnarme con él, pero a esas horas me da miedo. Alrededor de las seis, Pablo llora de nuevo. Entonces, me toca a mí... Estamos agotados.»

- Ana, dos años. Habla su padre:

«Mi hija duerme muy bien, pero ahora mi mujer y yo queremos irnos solos de vacaciones unos días y tenemos un problema logístico. Verá, apenas tenía unos meses cuando nos dimos cuenta de que, para quedarse dormida, Ana tenía que ver la televisión. La colocábamos en el sofá del salón y ella se quedaba "roque". Cuando la llevábamos a su cama, se despertaba enseguida, por lo que decidimos ponerle una tele en su cuarto y ¡de maravilla! La niña dormía sin problemas hasta eso de las dos o tres de la madrugada en que empezaba a llorar. ¡Natural! A esa hora acaba la programación y el zumbido de la tele la despertaba. Se nos ocurrió otra idea: comprarle un vídeo de ocho horas. ¿Buena, eh? Antes de irnos a dormir, se lo conectamos y arreglado el problema: ¡la cría no da la lata hasta el día siguiente! Como verá duerme de maravilla, pero, como le dije, ahora tenemos un problema: mi suegra acepta cuidar de la niña mientras estemos fuera, pero se niega a utilizar el televisor y el vídeo. ¿Qué hacemos?»*

Todos sabemos que no es lo mismo comer que comer bien. También estamos de acuerdo en que co-

---

* Estos casos son reales. Al igual que todos los que relatamos en estas páginas, pertenecen al historial de algunos de nuestros pacientes, aunque por razones obvias se han cambiado los nombres.

mer bien es un hábito que se aprende. Pues lo mismo es válido para el sueño: evidentemente, todos los bebés duermen, pero no todos saben hacerlo bien. Hay pequeños que lo hacen de un tirón a partir del tercer o cuarto mes, mientras que para otros la hora de acostarse se convierte en una tragedia y/o son incapaces de mantener el sueño durante toda la noche, despertándose tres, cinco y muchas veces más para desespero de sus papás.

¿Qué causa la diferencia entre unos y otros? Lo que han aprendido. Aunque os pueda parecer sorprendente, no nacemos sabiendo dormir bien, sino que aprendemos a hacerlo. Lo que sucede es que este aprendizaje suele producirse de una forma natural, sin que padres e hijos se den cuenta de ello. De ahí que, salvo que nos topemos con un problema como el de Pablo o Ana y nos lo explique un especialista, no nos enteremos de

---

CARACTERÍSTICAS CLÍNICAS DEL INSOMNIO INFANTIL

(Por hábitos incorrectos)

- Dificultad para iniciar el sueño solo
- Múltiples despertares nocturnos
- Sueño superficial (cualquier ruido lo despierta)
- Duermen menos horas de lo habitual para su edad

SON NIÑOS TOTALMENTE NORMALES
DESDE EL PUNTO DE VISTA PSÍQUICO Y FÍSICO

que existe algo denominado insomnio infantil y que, en el 98 por ciento de los casos, tiene su origen en un hábito mal adquirido (el 2 por ciento restante es por causas psicológicas).

Teniendo en cuenta, pues, que dormir bien es algo que se aprende y que los niños aprenden de sus padres, o de las personas que les cuidan, está en vuestra mano lograr que vuestro hijo adquiera un buen hábito de sueño. La siguiente pregunta es obvia: ¿Cómo? **Enseñándole a conciliar el sueño solo**, es decir, por sus propios medios, sin vuestra ayuda ni la de nadie.

Para entenderlo mejor, daremos un pequeño rodeo.

Los adultos tenemos un ritmo biológico que se repite cada 24 horas aproximadamente* y que regula nuestro cuerpo, marcando nuestros patrones de vigilia-sueño, los momentos en que tenemos hambre, la secreción de hormonas, nuestra temperatura corporal, etc. Para que nos sintamos bien, es necesario que ese ciclo circadiano («cerca de un día») funcione a la perfección. En el momento en que nos acostamos tarde o nos saltamos una comida, por ejemplo, nuestro reloj se desajusta y nuestro cuerpo y estado de ánimo se resienten.

En el caso de los recién nacidos estos ciclos se repiten cada 3 o 4 horas, es decir, en ese período de tiempo el niño se despierta-le limpian-es alimentado-se duerme y así una vez y otra (el orden puede variar, ya que hay padres que prefieren cambiar al niño después de la comida). Esto sería lo normal; sin embargo, hay que adver-

* En realidad, el ciclo dura casi 25 horas, pero cada día vamos ajustándonos.

tir que algunos recién nacidos son tan anárquicos que
ni siquiera cumplen este ritmo, sino que se despiertan
y duermen cuando quieren, sin seguir patrón alguno.

Hacia el tercero o el cuarto mes de vida, los pequeños suelen empezar a cambiar su ritmo biológico. Es
decir, progresivamente van abandonando su ciclo de

3 o 4 horas de duración para adaptarse al de los adultos, o sea, al ritmo biológico de 24 horas. Es decir, poco
a poco, el lactante va presentando períodos de sueño
nocturno más largos. Si primero dormía 2 horas, con
el tiempo va aumentando la duración de su pausa nocturna a 3, 4, 6, 8, 10 y hasta 12 horas seguidas. Atención,
no hay reglas fijas, a unos les cuesta más que a otros.

Este cambio no se produce porque sí, sino porque
en el cerebro humano existe un grupo de células (reciben el nombre de núcleo supraquiasmático del hipotálamo) que funcionan como un reloj que ayuda a poner
en hora las distintas necesidades del niño (dormir,
estar despierto, comer, etc.) de forma que se adapten
al ritmo biológico de 24 horas (ritmo solar).

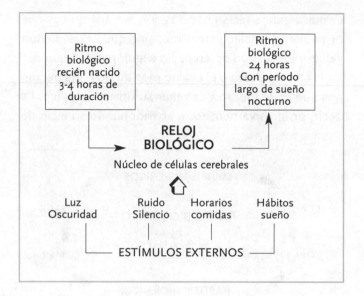

Para que este reloj entre en funcionamiento y lo haga correctamente necesita unos estímulos externos:

- Luz-oscuridad
- Ruido-silencio
- Horario de comidas
- Hábitos del sueño

Primero nos centraremos en aquellos cuya comprensión es más fácil: la distinción entre luz-oscuridad y entre ruido-silencio. Cuando metemos a nuestro pequeño en la cuna por la noche, lo lógico es que la habitación esté a oscuras y no se oiga tanto ruido como de día. Por el contrario, lo normal es que durante la jornada lo dejemos dormir con algo de luz (solar) y no hagamos nada por evitar los ruidos que se generan en casa o provienen de la calle. Todo ello le ayuda a reconocer las diferencias y distinguir, desde las pocas semanas, entre vigilia y sueño, distinción que es fundamental para que su reloj haga el cambio a un ritmo biológico de 24 horas con un período largo de sueño nocturno.

¿Qué otros elementos externos podemos asociar al sueño nocturno además de la oscuridad y el silencio? Los horarios de las comidas. Desde que nace, el niño asocia comida y sueño: después de alimentarse toca dormir. A medida que transcurren las semanas, pasa de alimentarse seis veces al día a hacerlo cinco o cuatro veces (también disminuyen sus períodos de sueño diurno), siendo la toma nocturna la de más peso para que pueda dormir más horas seguidas.

Pero con esto no es suficiente. Para que el reloj funcione correctamente aún falta algo, algo sin lo cual ninguno de los restantes estímulos sería suficiente para lograr que un bebé se adapte al ciclo de 24 horas: el hábito del sueño, es decir, que el pequeño aprenda a **conciliar el sueño por sí solo**, sin la ayuda de nadie.

Retomemos el ejemplo de la comida. A una edad determinada, colocamos al bebé en una sillita, le ponemos un babero, un bol con papilla y una cuchara. Es decir, utilizamos una serie de elementos externos (sillita, mesa, babero, bol, cuchara) que asociamos al acto de comer. Es más, desde ese momento siempre lo hacemos igual, sea la hora de comer o la de cenar, sea alimentado en casa o en la guardería, le dé la comida mamá, papá, la canguro o el abuelo. **Siempre lo hacemos igual**, día tras día, semana tras semana, mes tras mes...

¿Y qué percibe nuestro hijo? ¿Qué sucede en su cerebro? Bien sencillo: **Va asociando una serie de elementos externos con un acto muy concreto, el de comer.** Por eso, al cabo de un tiempo de repetir cada día el mismo ritual, notamos que cuando sentamos a nuestro pequeño en la sillita y le ponemos el babero, ya empieza a moverse excitado a pesar de no ver la papilla: **Sabe** que vamos a alimentarlo de un momento a otro, es decir, **ha asociado esos elementos externos** (los «objetos») con la hora de comer. En definitiva, ha captado el mensaje: «Cuando me ponen en la sillita, con el babero y la cuchara significa que voy a comer.»

Pero ahí no acaba el proceso. Cuando le enseñamos el hábito de comer, el niño capta algo más, le transmitimos algo más: **nuestra actitud**.

Hay que tener en cuenta que en los primeros meses de vida, los seres humanos somos totalmente instintivos y estamos íntimamente unidos a nuestras madres (o cuidadores). Dependemos de ellas para sobrevivir, tanto física como emocionalmente. Los terapeutas suelen decir que «**Hemos sido nosotros antes de ser yo**», y una de las consecuencias de esta «simbiosis» es que los bebés sienten lo que sienten sus madres (o cuidadores), es decir, aprenden a sentir emociones a través de lo que les comunican los adultos: no mediante las palabras, que ni siquiera entienden, sino a través de su actitud, su cariño, sus cuidados...

Esto puede comprobarse fácilmente. Si cogemos a un bebé de seis meses, lo sentamos en nuestro regazo y con toda la dulzura del mundo le decimos: «Gordo, feúcho, no te quiero nada», lo más probable es que sonría encantado, porque lo que le estamos transmitiendo es cariño. Él no comprende lo que significan las palabras que ha escuchado, pero sí entiende lo que le transmitimos a través del tono de nuestra voz. Si, por el contrario, cogemos a nuestro pequeñín y le decimos con tono despectivo «Guapo, precioso, te quiero mucho», lo lógico es que rompa a llorar, porque, en este caso, lo que capta es nuestra agresividad.

¿Qué actitud transmitimos al niño cuando le enseñamos el acto de comer? Papá y mamá están muy seguros de que lo están haciendo bien. Papá tiene muy claro que la papilla se come con cuchara, y mamá que la leche se bebe de un vaso o de un biberón. Ambos están convencidos de que las cosas se hacen así y ni por un instante se les ocurre dudarlo. Pues bien, esa seguridad que tienen es la que percibe su hijo y es la que hace que su pequeño también se sienta seguro en su hábito de comer. Dicho de otro modo, como Juanito nota que sus padres están seguros, él también se siente seguro y aprende con suma facilidad.

Imaginemos la situación contraria, ¿qué pasaría si dudáramos? Supongamos que el primer día colocamos a Juanito en la sillita; el segundo, lo sentamos en el orinal; el tercero, probamos la bañera, y el siguiente, en lugar de un bol, le damos la comida en una olla a presión y en lugar de un vaso usamos un florero... (Os parece ridículo, ¿no? Pues no olvidéis el ejemplo, porque en breve veréis lo que sucede cuando hablamos de dormir.)

Está claro que al cabo de unos días de tantos cambios, el pobre Juanito nos mirará con cara de espanto y pensará algo así como: «A ver qué se les ocurre hoy a los locos de mis papás.» Normal. Si cada vez que le damos de comer, le cambiamos los elementos que van unidos al acto, provocaremos que se sienta inseguro: ¡no sabe a qué atenerse! Y no sólo porque se producen tantos cambios, sino porque, como nosotros dudamos, **le transmitimos nuestra inseguridad**. No olvidéis que ellos captan lo que los adultos les transmiten y a esta edad, además de amor, lo que más necesitan es seguridad.

Un último detalle importantísimo que se ha de tener en cuenta antes de aplicar toda esta explicación a la teoría del sueño: cuando escogemos **elementos externos** para dárselos al niño con el objetivo de construir un hábito, lo que no podemos hacer es retirárselos mientras esté aprendiéndolo. Dicho de otro modo, si decidimos utilizar una cuchara para enseñarle a comer, lo que no podemos permitir es que, en mitad de la comida, llegue papá y diga «fuera la cuchara, dáselo con palillos porque el verano que viene nos vamos a

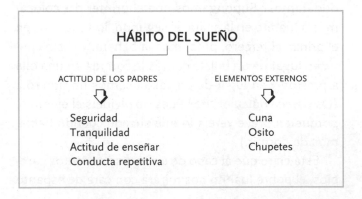

HÁBITO DEL SUEÑO

ACTITUD DE LOS PADRES   ELEMENTOS EXTERNOS

Seguridad   Cuna
Tranquilidad   Osito
Actitud de enseñar   Chupetes
Conducta repetitiva

Japón». Bromas aparte, lo que ha de quedar claro es que no debemos darle nada que luego hayamos de quitarle. Recordad, lo hemos de hacer **siempre igual**.

Si estamos de acuerdo en que dormir bien, al igual que comer bien, es un hábito que se adquiere. ¿Qué haremos para enseñárselo a nuestro hijo? Apoyarnos, al igual que en la comida, en:

- Una actitud adecuada (por parte de los padres o cuidadores).
- Unos elementos externos.

Actitud de los padres

Unas líneas atrás, nos pareció ridículo imaginarnos a Juanito comiendo un día en una sillita, otro en un orinal, al siguiente en la bañera y por último haciéndolo de una olla a presión y bebiendo de un florero. Sin embargo, eso que nos pareció tan absurdo es exactamente lo que hacen muchos padres cuando han de inculcarle el hábito del sueño a sus hijos y no lo logran a la primera. Veamos un ejemplo.

El pequeño Alberto, de 10 meses, protesta a la que le acuestan. Lógicamente, prefiere estar con sus papás a quedarse solo en su cuna. Mamá, cansada pero muy comprensiva, lo mece pacientemente en sus brazos hasta que se duerme. Cuando lo logra, lo deja en la cuna con el cuidado de quien maneja una bomba de relojería. No sirve de nada. Nada más rozar las sába-

nas, el granujilla empieza a gimotear. Mamá, algo inquieta y no menos molesta, lo toma nuevamente en brazos hasta que vuelve a quedarse «roque». Esta vez lo acuesta sin problemas, «¡por fin!», y se va del cuarto dispuesta a sentarse un ratito con su marido. No pasa una hora y Alberto está otra vez en danza. Entonces, papá, harto de tantas noches en vela, prueba suerte con un biberón. «¡A ver si te callas de una vez!», le espeta sin poder reprimirse. Alberto chupetea un poco y cae en brazos de Morfeo. Pero aún es pronto para cantar victoria, porque pasa otro ratito y vuelve a comenzar la bronca. «¿Y si lo paseáramos en el cochecito por la casa?», se le ocurre a mamá. Coge al niño, «Por favor, mi vida, que necesitamos descansar», y empieza a trazar surcos en la moqueta. Otra vez cae rendido y otra vez a la cuna. Pasa otra hora y Alberto vuelve a despertarse. «¡Aua!», grita, y los padres interpretan agua, que prestos se sirven a darle.* Pero el niño no se calma. A estas alturas, papá y mamá están absolutamente agotados, desesperados, furiosos... Total, que se lo llevan a su cama. Cuando se duerme, lo «facturan» a su cuna. Al cabo de un rato, ¡¡¡BUA-AAAÁ!!!

Ya sabemos que, en general, los padres tienen muy claro cómo enseñarle a comer a su hijo y, desde el

---

* Una advertencia: los niños con problemas de sueño suelen comenzar a hablar temprano. Aprenden vocablos «clave» para lograr que sus padres les hagan caso. ¿Quién le niega agua a un hijo sediento? Pues enteraos, lo más probable es que no tenga sed.

primer día, le enseñan el hábito siempre de la misma manera, **siempre igual**. Sin embargo, no pasa lo mismo cuando se trata del hábito del sueño. Cuando un niño duerme bien desde un principio, todo es miel sobre hojuelas, pero cuando no es así, lo habitual es que sus papás no tengan la menor idea de cómo comportarse, de qué hacer, y **vayan probando** en busca de algo que funcione: si esto no sale bien, intentan aquello, si también falla, prueban lo de más allá... A la par que van «experimentando» su inseguridad va en aumento y dejándose notar. Acaban desquiciados: se sienten culpables, fracasados como padres, frustrados, enfadados...

Y, ¿qué pasa con Alberto? Pues muy sencillo, que se siente tan inseguro o más que ellos: sus papás le cambian los «elementos externos» cada dos por tres y, para colmo, los nota nerviosos, si no histéricos, tremendamente inseguros, puede que hasta malhumorados... Alberto, que todavía no domina el lenguaje y que por tanto, no entiende eso de «Cariño, haz el favor de dormirte, que es muy tarde», advierte, sin embargo, porque es un radar sumamente sensible, que sus padres están como están.

Y, como **siente lo que sienten ellos, se siente sumamente inseguro, y no podemos pretender que un niño aprenda el hábito del sueño si no somos capaces de transmitirle la seguridad que necesita para entender que quedarse en la cunita solo y conciliar el sueño por sí mismo es lo más natural del mundo**.

Elementos externos

Igual que hicimos con el acto de comer, hemos de **asociar** el acto de dormir con una serie de **elementos externos** que no podremos cambiar ni retirar en tanto el pequeño esté aprendiendo el hábito. Imaginemos, por ejemplo, que dormimos a Juanito meciéndolo en brazos. ¿Qué elemento externo asociará a su sueño? Ese vaivén, elemento que en el momento en que dejemos de mecerlo habremos «retirado». ¿Qué ocurrirá cuando se despierte en medio de la noche? Reclamará aquello que **asocia** con su sueño para poder volver a dormirse, es decir, **necesitará** que lo acunen para conciliar el sueño... y eso requiere un papá o una mamá dispuesto a hacerlo.

Antes de seguir, es importante que tengáis en cuenta que cada noche todos experimentamos una serie de pequeños despertares nocturnos que interrumpen el sueño. Tanto en los niños como en los adultos no superan los 30 segundos de duración (en los ancianos pueden llegar a los 3 o 4 minutos). Durante este tiempo

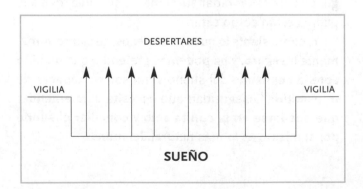

es cuando reconocemos si la situación ambiental es la misma, nos tapamos si hace falta y, normalmente, cambiamos de posición. Estos despertares no son recordados al día siguiente a no ser que se hayan prolongado por algún motivo.

Si aplicamos esto al sueño infantil, nos encontramos con que, en una sola noche, un lactante (o un niño pequeño) puede despertarse entre 5 y 8 veces (si padece insomnio infantil, se despertará aún más). Cuando lo hace, espera que la situación siga siendo la misma en que se hallaba cuando se quedó dormido, la misma en que se sentía seguro. Es decir, si **asoció** dormir con ir de paseo en cochecito, espera seguir estándolo; si se durmió mamando, buscará el pecho;

LO QUE NO DEBEMOS HACER PARA DORMIRLO

- Cantarle
- Mecerlo en la cuna
- Mecerlo en brazos
- Darle la mano
- Pasearlo en cochecito
- Darle una vuelta en coche
- Tocarlo o dejar que nos toque el cabello
- Darle palmaditas o acariciarlo
- Darle un biberón o amamantarlo
- Ponerlo en nuestra cama
- Dejarle trotar hasta que caiga rendido
- Darle agua

si se quedó «roque» cogido de la mano de papá, la echa-
rá de menos... Y como lo normal es que no os paséis
la noche paseándole, dándole de mamar o sujetando
su manita, cuando se despierte, ¿qué esperáis que le
ocurra? ¡Se llevará un gran susto! Y lo que es peor,
no sabrá conciliar el sueño si no «recupera» aquella
situación, es decir, los «elementos externos» que asocia al sueño.

Por si aún no lo veis claro, os proponemos un sencillo ejercicio de imaginación: suponed que, como cada
noche, os metéis en vuestra cama y os quedáis dor-
midos. Al cabo de un tiempo al experimentar uno
de los típicos despertares nocturnos os dais cuenta de
que estáis en el sofá del salón. ¿No os asustaríais? ¿No
os desvelaríais? ¿No os preguntaríais espantados qué
ha pasado? Pues lo mismo le sucede a vuestro hijo.

A estas alturas, ya os habréis dado cuenta de que
todos los «elementos externos» de los que hemos
hablado hasta ahora tienen algo en común: para que
se den necesitan la ayuda de alguien, es decir, impli-
can la intervención de un adulto. Un niño no puede
pasearse en cochecito solo, ni se levanta a prepararse
un biberón, ni se desdobla en dos para acariciarse la
espalda, por citar algunos ejemplos.*

Si el objetivo que perseguimos es que el niño duerma «de un tirón» y no nos despierte, ¿cuáles son los

---

* La «genial» idea de los padres de Ana, quienes le compraron
un televisor y un vídeo a una niña de dos años para lograr que
durmiera, merece mención aparte: aunque «solucionándolo»
como lo hicieron, aparentemente, se acabó el problema, resulta
obvio que es una idea nefasta.

elementos que deberíamos asociar a su sueño? Está claro que ha de ser algo que no tengamos que quitarle (retirar). Por lo tanto, algo que no necesite de un adulto. Recordemos que el niño llora porque la situación con que se encuentra cuando se despierta en medio de la noche no es la misma que existía cuando se durmió. Eso significa que hemos de propiciar unas condiciones que puedan permanecer iguales durante toda la noche.

De entrada, hay algo fundamental: su cuna. Nada de dormirlo en el sofá, en vuestros brazos, en el cochecito o en vuestra cama, porque luego se los tendréis que «arrebatar». ¿Qué más? Que cuando lo acostéis, no le deis algo que requiera vuestra presencia ni os quedéis junto a él hasta que se duerma, porque esperará veros allí cada vez que tenga un despertar nocturno. Cumplidas estas dos condiciones, podéis darle cualquier cosa que queráis siempre y cuando no se la vayáis a quitar: su chupete si es que lo usa, su osito si es que lo tiene, su mantita. Es decir, elementos que, a diferencia de mamá/papá, sí pueden seguir a su lado, permanecer junto a él, durante toda la noche.

En definitiva, no debéis ayudar a vuestro hijo a dormirse, es decir, no debéis tomar parte activa para lograr que concilie el sueño. Ha de aprender a hacerlo solo, y cuando tiene menos de 6 meses,* se le puede enseñar a hacerlo de cualquier manera. Se conformará con

* Los bebés mayores de 6 meses que aún no han adquirido un buen hábito del sueño suelen padecer insomnio. Si es el caso de vuestro hijo, no sufráis; en el capítulo 4, «Volver a empezar» os explicamos cómo enseñarle.

que las cosas estén tal como estaban cuando se durmió: su cuna, su mantita, su muñeco, su chupete... Cuando se despierte, y ya sabéis que lo hará varias veces, notará que todo está como siempre («mi osito está aquí, mi chupete también, todo sigue igual, qué tranquilidad») y volverá a conciliar el sueño sin más problemas. Y vosotros, por supuesto, a dormir tan ricamente.

3 DESPACITO Y BUENA LETRA

SOBRE CÓMO ENSEÑARLE A DORMIR BIEN DESDE EL PRINCIPIO

Un recién nacido no duerme igual que un pequeño de 4 meses u otro de un año y medio. El sueño infantil evoluciona con el tiempo. En este capítulo os explicamos cómo va cambiando y qué podéis esperar y hacer
en cada momento. Si os preocupáis de educarlo desde
un principio, vuestro hijo dormirá sin problemas.

Recién nacido

Las primeras lecciones

Lo primero que hay que aprender sobre el sueño de
un recién nacido es que duerme la cantidad que necesita, ni más ni menos, y que lo hace «a su manera»,
es decir, que no distingue entre el día y la noche y «cae»
donde sea, cuando sea e independientemente de las
circunstancias que le rodean. En realidad su estado
natural es el del sueño: en promedio, un recién nacido duerme unas 16 horas diarias, aunque algunos puedan llegar a las 20 y otros no superar las 14.*

Ya sabemos que en estas primeras semanas, lo habitual es que su ritmo biológico se repita cada 3 o 4 horas,

* Para saber más sobre qué es normal y qué no, podéis leer el
capítulo 6 «Cuestiones horarias».

período de tiempo en que el pequeño se despierta es limpiado-alimentado y se vuelve a dormir. Sin embargo, no os preocupéis si vuestro hijo no se rige por patrón alguno. El hecho de que el sueño de un recién nacido sea totalmente anárquico no significa necesariamente que vaya a padecer insomnio infantil, sobre todo teniendo en cuenta que vais a educarlo en un buen hábito desde el principio.

En esta fase, sueño y comida van estrechamente ligados, por lo que los bebés suelen despertarse por hambre. Sin embargo, es indispensable que no demos por válida la creencia generalizada de que los recién nacidos sólo lloran porque tienen ganas de pecho o biberón. No necesariamente ha de ser así, y lo acostumbraríamos mal si cada vez que llorara lo «cebáramos». En sólo una semana, acabaría asociando llanto y comida y no callaría hasta que le diéramos su «dosis», tuviera o no tuviera hambre.

Por lo tanto, cuando vuestro hijo llore no corráis a alimentarlo. Descartar, antes, otros posibles motivos: que tenga frío o calor, un pañal sucio, que necesite contacto humano y mimos... Y si veis que se calma, no le deis de comer. Para vuestra tranquilidad, sabed que está científicamente demostrado que un bebé que ingiere la cantidad que le corresponde en cada toma puede estar de dos horas y media a tres sin alimentarse. De hecho, existe un método muy sencillo para comprobar que todo va bien: controlar su curva de peso. Si aún no lo ha hecho, vuestro pediatra os explicará cómo.

Este punto es de suma importancia porque, como

ya sabéis, el ritmo de las comidas está muy ligado al ritmo del sueño. Ambos están controlados por el mismo grupo de células cerebrales, el núcleo supraquiasmático del hipotálamo, y si no ayudamos a este reloj a ponerse en hora, si ya empezamos a marearlo, saldremos perdiendo.

Aunque todavía es demasiado pronto para imposiciones, es aconsejable que desde un principio ayudéis a vuestro hijo a diferenciar entre el estado de vigilia y el de sueño. Esto significa que los pocos momentos en que no esté durmiendo no debéis dejarlo en la cuna, sino cogerlo y dedicarle vuestra atención para que se despeje por completo. Habladle, mimadlo, jugad con él... así empezará a distinguir entre lo que es estar dormido y estar despierto, algo que a vosotros os puede parecer totalmente obvio, pero que es nuevo para un recién llegado al mundo. Y, por si esto no bastara, existe otra buena razón para hacerlo: asociará que cuna es igual a hora de dormir, lo que beneficiará que, a la corta, adopte un buen hábito de sueño.

Lo mismo vale para el día y la noche: es conveniente ayudarle a diferenciarlos. Para ello existe una serie de trucos:

- Luz diurna frente a oscuridad nocturna. Cuando duerma de día, no bajéis del todo las persianas de su dormitorio y, si disponéis de un cuco, no lo dejéis en su cuarto; llevároslo al salón o dondequiera que estéis en ese momento para que vaya captando que a su alrededor ocurren cosas. No os preocupéis, no necesita estar a oscuras para descansar, ya sabéis que por ahora «cae» donde sea y en las circunstancias que sean. De noche, por el contrario, dejadle a oscuras. Ni siquiera utilicéis esos pequeños enchufes de luz que gozan de tanta fama entre algunos padres primerizos. Vuestro hijo ha de aprender a dormir en la oscuridad desde un principio pues, de lo contrario, luego tendréis dificultades para hacer que se sienta cómodo y seguro sin luz.

- Ruido frente a silencio. No dejéis de pasar la aspiradora, mantener una conversación animada o escuchar la radio porque el niño esté durmiendo si son las once de la mañana. De noche, lo normal es que haya menos ruido, pero tampoco os paséis. Por ejemplo, no renunciéis a ver la televisión, bastará con que el volumen no esté muy alto. Si nuestro objetivo es ayudar a poner su reloj en hora, ¿cómo lo vamos a lograr si de día reina un silencio sepulcral más propio del ambiente nocturno? Acabará confundido y, en el peor de los casos, sin poder dormir salvo en el más absoluto de los silencios.
- Establecer la hora del baño por la noche, es decir, antes del que a la larga será su sueño nocturno. Aunque es muy pequeñito, cuanto antes se establezca una rutina, mejor.
- Cuidar que de noche esté especialmente cómodo. Dadle tiempo para que eructe, cambiadle el pañal, aseguraos de que su camita no esté fría cuando le acostéis y que la habitación permanezca a una temperatura adecuada (entre 20 y 23 °C). Si durante el día se despierta por cualquiera de estos motivos, no tiene mayor importancia; de noche, en cambio,

iría en contra de nuestras pretensiones de establecer unas pautas adecuadas de sueño.

Y llegamos así al *quid* de la cuestión: por pequeño que sea, es imprescindible que vuestro hijo aprenda a dormir solo. ¿Qué significa esto en un recién nacido? Que intentéis que concilie el sueño por sus propios medios, no en vuestros brazos ni en vuestra compañía. Al principio, es bastante común que se queden «roques» mientras están tomándose el biberón o mamando. En la medida de lo posible, evitadlo. ¿Cómo? Haciendo ruido, soplándole o dándole un toquecillo en la nariz, cosquilleando sus pies, cambiándole el pañal... Sin embargo, si no lo lográis, por favor, no os angustiéis, porque aún es muy pronto para preocuparse.

¿DÓNDE DEBE DORMIR?

La llegada de un recién nacido equivale a pocas horas de sueño y mucho cansancio. Lo habitual es que acabemos haciendo cualquier cosa con tal de que el pequeño duerma y nos deje descansar un poco. Sin embargo, una decisión mal tomada puede provocar futuros problemas. Lo primero que hay que plantearse, incluso antes del parto, es dónde va a dormir el pequeño.

- **En vuestra cama**. Las primeras semanas suelen ser agotadoras, por lo que muchas madres acaban metiendo al bebé en su propia cama para facilitar las tomas nocturnas y atenderlo con rapidez. No es la mejor elección, aunque los padres que opten por ella no deben sentirse culpables. Tener al bebé junto a vosotros puede estar bien mientras sea un recién nacido, pero al cabo de unas pocas semanas puede convertirse en una costumbre difícil de erradicar: se habrá convertido en un «elemento» asociado al sueño.

• *En vuestra habitación, pero en su cuco*. Mejor que la opción anterior, es instalar al bebé en la misma habitación de los padres, aunque en su propio cuco. En éste, en razón de sus pequeñas dimensiones, el niño se siente casi tan seguro como en el interior del claustro materno y podremos atenderlo con la misma celeridad que si estuviera en nuestra propia cama. Sin embargo, no es bueno que prolonguéis su estancia en vuestra habitación. Como mucho, al tercer mes debería estar instalado en su habitación.

• *En su propio dormitorio*. Si no queréis renunciar a vuestro espacio propio o cualquier ruidito que haga (gorjeo, ronquido, etc.) os sobresalta impidiendo vuestro descanso, nada os impide instalarlo en su propia habitación, siempre y cuando podáis oírlo.

• *De la cuna a la cama*. El momento en que se debe pasar al niño de la cuna a la cama suele indicarlo el propio tamaño del niño: apenas cabe, se da golpes, siente frustración por estar enrejado, trepa por encima de la barandilla con el consiguiente peligro... El traslado se ha de hacer en una época en que el niño esté tranquilo, es decir, no debe coincidir con el comienzo de la guardería, la llegada de un hermanito, un cambio de domicilio, etc. Suele dar buenos resultados convertir la «mudanza» en algo especial: un regalo, una fiesta con sus muñecos, una felicitación o palabras de aliento del tipo «¡Ya eres mayorcita!» o «¡qué suerte, qué cama más bonita tienes!». Y, sobre todo, es fundamental que tenga el hábito de dormir bien aprendido y respetéis su rutina habitual.

Ya tiene tres meses

Empieza la cuenta atrás

Aunque algunos niños lo logran antes, lo normal es que sea a partir del tercero o el cuarto mes cuando un bebé empiece a hacer el cambio del ritmo biológico de 3 o 4 horas al de 24 horas y vaya alargando sus períodos de sueño nocturno. Si hasta ahora podíais mostraros más laxos, desde este momento deberéis tomaros más en serio la tarea de inculcarle un buen hábito del sueño.

Para lograrlo, recordad que son necesarios dos requisitos:

1. Que vuestra actitud denote seguridad. Vuestro pequeño siente lo que sentís vosotros y, si percibe que estáis tranquilos, él lo estará y le costará menos entender que el hecho de quedarse en la cunita solo y conciliar el sueño por sí mismo es lo más natural del mundo.

2. Que propiciéis que vuestro hijo asocie la hora de dormir a una serie de elementos externos que perma-

necerán con él durante toda la noche: cuna, osito, chupete...

La mejor receta para superar esta prueba consiste en crear una rutina previa al momento de acostarse por la noche, de forma que cada día suceda lo mismo. No olvidéis que para un bebé repetición es igual a seguridad.

Lo primero que habréis de decidir es a qué hora queréis que se vaya a dormir vuestro hijo y ceñiros al mismo horario cada noche. Lo recomendable sería que lo hiciera entre las 20.00 y las 20.30 en invierno y entre las 20.30 y las 21.00 en verano, porque está demostrado que ésa es la hora en que el sueño aparece con mayor facilidad. El retraso de media hora en verano se debe al cambio horario.

A partir de ahí, elegid los pasos que habréis de seguir. Lo habitual es empezar por el baño, algo que le divierte y lo relaja al mismo tiempo y sirve de línea divisoria entre el día y la noche. Si no es muy amante del agua, no lo alarguéis demasiado y, una vez acabado el baño, dedicar un tiempo a mostrarle algún juguete, cantarle o hablarle dulcemente, por ejemplo, para que se calme. Lo mismo vale si el chapoteo le ha excitado.

Si el bebé ha de ser alimentado, no es aconsejable hacerlo en su habitación: debemos separar sus hábitos de comer y dormir, porque nuestro propósito es que distinga claramente entre uno y otro, de forma que no haga asociaciones erróneas. Salvo que exista alguna circunstancia que pueda excitarle, nada os impide alimentarle en la cocina o en el comedor con el resto de la familia si os apetece.

Hecho esto, lo ideal es que paséis un rato agradable juntos fuera de la habitación o, por lo menos, manteniendo al bebé fuera de la cuna. Esto significa, por ejemplo, que lo mezáis mientras le habláis o cantáis, siempre con el propósito de apaciguarlo. Este ratito puede hacerse más complejo a medida que crezca, y lo que antes era una nana convertirse en la lectura de un cuento, por ejemplo. El objetivo es que el niño se sienta querido, satisfecho y, sobre todo, que perciba —y, por lo tanto, sienta— la seguridad que tanto necesita para relajarse y conciliar el sueño.

Tras ese agradable rato juntos —bastarán entre cinco y diez minutos—, lo metéis en su cunita, con su osito, su chupete y los elementos externos que no se moverán de su lado en toda la noche, y os despedís de él hasta el día siguiente. Acostumbraos a usar una serie de palabras que al pequeño le vayan resultando familiares: «Buenas noches», «Dulces sueños», «A dormir», etc. Hecho esto, salís de la habitación mientras vuestro pequeñito aún esté despierto.

Si la rutina es la correcta, el pequeño afrontará con alegría el momento de irse a la cuna y encontrará fácil separarse de sus padres; lo más probable es que sus patrones de sueño se vayan pareciendo cada vez más a los vuestros y que en poco tiempo se haya ajustado al ciclo día-noche y duerma de un tirón. Si no es así, no os pongáis nerviosos, todavía no puede decirse que padezca un trastorno, no antes del sexto o séptimo mes. Simplemente, habréis de seguir ayudándole. Comprobar si existe alguna causa que le impida conciliar el sueño y/o lo despierte por las noches:

- ¿Está enfermo?
- ¿Siente calor o frío?
- ¿Está incómodo porque su pañal está sucio?
- Tal vez la última toma no sea suficiente para saciar su hambre. En este caso deberéis modificar las cantidades con ayuda del pediatra.
- Si ha sufrido cólicos, aunque ahora no los tenga, es posible que no logre dormirse por la falta de costumbre. Mecedlo en brazos un poco y volved a acostarlo.

Un último consejo para esta etapa: aunque es cierto que en las primeras semanas un bebé sólo llora cuando necesita algo y es lógico que acudáis prestos a atenderlo, enseguida distinguiréis si es un llanto de protesta, de esos que se acaban rápidamente, o hay algo más. Por ello, desde el tercer mes no os levantéis a cogerlo ante el primer gemido. Dadle la oportunidad de que se vuelva a dormir solito, ¡puede que os sorprenda!

DE SEIS MESES EN ADELANTE

La hora de la verdad

A partir de los 6 meses, un bebé ha de dormir menos horas durante el día* y tener un período más o menos

---

* Normalmente, hará dos siestas: una tras el desayuno, de una o dos horas, y otra después de la toma del mediodía, de dos o tres horas.

largo de sueño nocturno. De hecho, a los siete meses, su ritmo de comida y de sueño ha de estar bien establecido, lo que significa cuatro tomas al día y 11 o 12 horas de sueño nocturno sin interrupciones.

Si estas condiciones no se cumplen en el caso de vuestro hijo, es decir, si tiene dificultades para conciliar el sueño solo y se despierta más de dos veces por la noche, deberéis reeducar su hábito del sueño.*

¿QUÉ ES LO NORMAL EN UN NIÑO A LOS 6-7 MESES?
⇨ Ritmo de comida y sueño bien establecido
⇨ 4 comidas durante el día y 11-12 horas de sueño nocturno
⇨ Debe acostarse sin llanto, contento y despedirse de los padres con alegría

Que todo vaya bien no significa que podáis bajar la guardia, ya que acechan nuevos peligros capaces de acabar con el buen hábito de sueño de vuestro pequeño. Entre el sexto y el noveno mes, a medida que madure, el bebé ya no se dormirá sin poder evitarlo, sino que será capaz de mantenerse despierto, sea por la excitación, las ganas de estar con sus papás, para no perderse lo que acontece alrededor... De hecho, no será

* Para hacerlo aplicad la técnica que se explica en el capítulo 4 «Volver a empezar». Si se despierta una o dos veces, no puede considerarse que padezca un trastorno de sueño, pero también podéis reeducarlo.

extraño que no pueda dormirse de tan cansado que está y lo normal es que no quiera irse a la cama.* Por eso debéis ser más firmes que nunca en lo que se refiere a la rutina previa a la hora de dormir y a la norma de que vuestro hijo concilie el sueño por sus propios medios.

Una advertencia con respecto a la rutina: mucho cuidado con ir alargando ese ratito agradable que pasáis juntos justo antes de acostarlo. Es de esperar que vuestro hijo, que no tiene un pelo de tonto, haga lo posible por eternizarlo. A medida que vaya creciendo y, sobre todo, dominando el lenguaje, sus habilidades para aplazar la despedida serán mayores: «Tengo sed», «Un besito», «Te quiero mucho», «Otro libro, sólo uno más»... No es raro que los 5 minutos acaben convirtiéndose en media hora o incluso más. No sería la primera vez que un padre se pasa 2 horas leyendo cuentos a su hijo. Un buen truco para evitarlo es hacer algo poco excitante: si ese ratito es un momento de lo más animado, jamás querrá que se acabe; si, por el contrario, es agradable, pero sin permitir que el crío se exalte, será más fácil ponerle punto final. Como comprenderéis, no le causará el mismo efecto que le contemos el cuento de *Los tres cerditos* cantando a voz en grito, «¿quién teme al lobo feroz?», que se lo leamos tranquilamente.

A partir del año todavía necesitará dormir bastante, pero lo hará principalmente por la noche. Por regla

---

* El «truco» de cansarlo hasta que caiga rendido es contraproducente: el paso previo a la aparición de la somnolencia es la relajación y, cuando lo agotamos, lo sobreexcitamos.

general, el niño que haya sido muy dormilón, lo seguirá siendo, y viceversa, o sea que no os hagáis ilusiones si no lo ha sido hasta ahora. Al principio todavía necesitará dos siestas, una matutina y otra por la tarde, pero hacia los 15 meses los críos suelen atravesar un período algo difícil, que no lo es menos para los papás. En este momento, dos siestas pueden ser demasiadas, pero una es insuficiente. Esto se traduce en que el pequeño no querrá irse a dormir por la mañana, pero, al no hacerlo, caerá rendido justo antes de comer. Esto provocará que coma tarde, vuelva a negarse a dormir la siesta y, por culpa del cansancio, se ponga caprichoso y quejoso hasta la noche, cena problemática incluida. Esto suele resolverse de forma espontánea en 1 o 2 meses: entonces, le bastará con una sola siesta después de comer.

Uno de los peligros de las siestas es que muchas veces se alargan demasiado, lo que es contraproducente, porque rompen el ritmo del sueño del crío: por más que nos apetezca, no podemos pretender que un niño que ha dormido mucho durante el día, también lo haga por la noche. Por ello, en ocasiones no tendremos más remedio que despertar a nuestro hijo. Tened en cuenta que cada vez que un niño se despierta de una siesta, por mucho y bien que haya descansado, le cuesta ponerse en marcha. Hay que tener paciencia y darle de 15 a 30 minutos de cariño y conversación suave para que recupere todas sus facultades antes de volver a su actividad normal. Ni se os ocurra lavarle o cambiarle antes, salvo que queráis arriesgaros a liar una buena. Moraleja: si alguna vez tenéis que salir, calcular de antemano el tiempo que necesitaréis para que recupere su buen humor.

La siesta de después de comer suele suprimirse a los 3 años o 3 años y medio sobre todo por necesidades escolares. Esto puede resultar perjudicial, ya que cuando los críos «cogen la cama», lo hacen con tan-

SIESTA	
ENTRE EL AÑO Y EL AÑO Y MEDIO	Suprimen la siesta después del desayuno sobre todo si asisten a la guardería
ALREDEDOR DE LOS 3 AÑOS Y 3 ½	Suprimen la siesta del mediodía sobre todo por necesidades escolares

LO MÁS RECOMENDABLE ES NO SUPRIMIR LA SIESTA DESPUÉS DE COMER HASTA LOS 4 AÑOS

to sueño que duermen mucho más profundamente propiciando los episodios de sonambulismo y terrores nocturnos.* Por ello, es recomendable que esta siesta se mantenga por lo menos hasta los 4 años, y si es posible más.

¿Cuándo puede considerarse que un niño ha adquirido un buen hábito de sueño? Sintiéndolo mucho,

---

* En el capítulo 7 «Otros problemas» nos referiremos a las pesadillas, los terrores nocturnos, el sonambulismo, etc.

no podemos hablar de fechas, porque por mucho que un niño tenga un buen hábito de sueño, no debéis fiaros: es importante que no dejéis de practicar el ritual previo a la hora de acostarse (¡tampoco es pedir demasiado!), sobre todo si está teniendo problemas (pesadillas, miedos propios de la edad) o en circunstancias especiales (cambio de domicilio, llegada de un hermanito, etc.).

No queremos poner fin a este capítulo sin pediros que hagáis una pequeña reflexión. Muchas veces, los padres pecamos de tener expectativas poco realistas con respecto al sueño de nuestros hijos. No es raro ver cómo parejas que suelen acostar a su pequeño a las ocho de la tarde lo mantienen en pie hasta las once en vísperas de un día festivo, esperando que así tarde más en despertarse al día siguiente, lo que, por cierto, no suelen conseguir. Tampoco es lógico que pretendamos que duerman larguísimas siestas, para que nosotros podamos «descansar un rato», y luego se vayan a dormir «a su hora». Tres cuartos de lo mismo para aquellos papás que esperan que sus hijos se metan en cama a las ocho de la noche y no se levanten hasta las diez de la mañana. ¡Se están pasando!

Aunque reconozcamos que no estaría mal que de vez en cuando pudiéramos apretar el botón de «pausa» y el crío durmiera mucho, muchísimo, para poder darnos un respiro, eso es pedir un imposible. Lo realista es aceptar que el niño tiene unas horas y que le enseñemos a dormir con unas pautas que le permitan adquirir un buen hábito del sueño. Es lo mejor que podemos hacer por ellos. Ya sabéis que un niño que a los 5 años no ha establecido unas buenas pautas de sueño, arrastrará el problema de por vida.

EL PIJAMA IDEAL

En invierno, le habremos de abrigar lo suficiente para que no tenga necesidad de ser tapado con una manta. Cuando duermen, los pequeños dan vueltas sobre sí mismos y les molesta sentirse atrapados. Además, si se destapan y no están suficientemente abrigados, el frío puede despertarlos (y, desde luego, perjudicar su salud). Para evitarlo la mejor solución consiste en controlar la temperatura de la habitación y ponerle un pijama-manta: podrá moverse a sus anchas y siempre estará abrigado. En verano, bastará con una camiseta y el pañal, sin taparlo con la sábana.

4 VOLVER A EMPEZAR

SOBRE CÓMO REEDUCAR EL HÁBITO DEL SUEÑO

¿**Q**ué es normal y qué no?

¿Cuándo se ha de hablar de insomnio infantil?

Hay padres de criaturas de 1 año y medio que consideran normal levantarse tres y cuatro veces por noche para acudir al cuarto de su hijo, que llora o grita pidiendo agua o «bibe». No lo es; hace tiempo que debería dormir de un tirón. Como tampoco es normal que un crío de 8 meses tenga la costumbre de estar despierto hasta la medianoche y nunca parezca tener sueño o que otro grite cuando, tras arroparlo y desearle las buenas noches, su madre sale de la habitación.

A partir de los 6-7 meses, todos los niños deberían ser capaces de:

- Acostarse sin llorar y con alegría.
- Conciliar el sueño por sí mismos.
- Dormir entre 11 y 12 horas de un tirón.*
- Hacerlo en su cuna y sin luz.

Salvo que padezca algún trastorno orgánico capaz de distorsionar su sueño —cólicos, reflujo, intolerancia a la leche, infecciones de las vías respiratorias altas,

* Antes de poner el grito en el cielo porque vuestro hijo duerme menos, sabed que puede que no necesite más. Leed el capítulo 6 «Cuestiones horarias».

etcétera— si un bebé de 6 o 7 meses no cumple los cuatro requisitos anteriores, puede padecer un problema de insomnio.

¿Las causas? Hay dos:

* Por hábitos erróneos (el 98 por ciento de los casos).
* Por problemas psicológicos (el 2 por ciento restante; nos ocuparemos de ello al final de este capítulo).

El insomnio por hábitos incorrectos es, pues, el trastorno más frecuente y se caracteriza por:

* Dificultad para que el niño se duerma solo.
* Frecuentes despertares nocturnos. Suelen hacerlo de 3 a 15 veces y les es imposible volver a conciliar el sueño de forma espontánea y sin ayuda.*
* Sueño muy superficial. Al observarlos se tiene la sensación de que están «vigilando» continuamente y cualquier pequeño ruido los despierta.
* Menos horas de sueño de lo que es habitual a su edad.

Cuando esto sucede, los padres empiezan a utilizar las técnicas que les parecen más lógicas para dormirle, como darle agua, mecerlo, cantarle, cogerlo de la mano, mesarle el cabello, acariciarle la espalda... cualquier cosa con tal de que el niño concilie el sueño

---

* Si un niño sólo se despierta una o dos veces por noche, no podemos hablar de insomnio infantil ni considerarlo alarmante, pero esto no significa que no lo reeduquemos para que duerma de un tirón. Los padres también tienen derecho a dormir sin interrupciones.

(como hemos visto, no es raro que se le acabe dejando dormir delante del televisor o que se le pasee en coche si hace falta). Nada de esto suele bastar: aunque el niño caiga en brazos de Morfeo, al cabo de poco tiempo se despierta otra vez —la paz dura como mucho tres horas— y el drama vuelve a comenzar.

No vamos a insistir más sobre este punto, porque si habéis llegado hasta aquí debe ser por algo. Desde este momento, lo que vamos a hacer es poner en práctica todo lo que hemos aprendido hasta ahora. Sin embargo, antes de empezar, debéis tener en cuenta que para que esta técnica dé resultado **sólo podéis hacer lo que os expliquemos**, es decir, cuando os asalte una duda, ceñíos a lo que hayáis leído, no hagáis nada que no se os haya explicado.

¿QUÉ CAUSA EL INSOMNIO INFANTIL?

DEFICIENTE ADQUISICIÓN
DEL HÁBITO DEL SUEÑO

Ya sabéis que a dormir bien se aprende y que para adquirir un buen hábito del sueño hace falta que se cumplan una serie de requisitos:

1. Los padres han de mostrarse tranquilos y seguros de lo que hacen y siempre hacer lo mismo.
2. El niño ha de asociar el sueño con una serie de elementos externos que permanezcan a su lado durante toda la noche: cuna, osito, etc.

Y como eso es exactamente lo que necesitamos para reeducar el hábito del sueño de vuestro hijo, vamos a olvidarnos del pasado: imaginaremos que **vuestro pequeño ha nacido hoy y lo vamos a tratar como a un recién nacido**, independientemente de si tiene 6 meses, 1 año y medio o 5 años. En otras palabras, volveremos a empezar... sólo que a partir de ahora, mamá y papá nunca van a dudar de cómo dormir a Juanito. Aunque a veces hablemos de chupetes y de situaciones propias de bebés, esta técnica vale para niños hasta los 5 años, por lo que si es el caso de vuestro hijo, debéis aplicarla igual, obviando los detalles propios de los más pequeñines.

Dicho así parece fácil, pero seguramente vuestra seguridad esté bajo mínimos, lo que no es de extrañar después de tantas recetas fallidas. No importa. Desde este momento y durante todo el proceso de «reeducación» habréis de actuar como si tuvierais las ideas muy claras, al menos en lo que se refiere al sueño infantil (y no dudéis de que vuestro «corazoncito» flaqueará cuando oigáis llorar a vuestro hijo). Recordad que lo importante no es lo que le decís a vuestro pequeño, sino la actitud que le transmitís. **Si lo que percibe es vuestra seguridad, que estáis convencidos de que esto se hace así y sólo así, vuestro hijo aprenderá con más facilidad.***

---

* De hecho, deberíais estar convencidos de que lo que estáis haciendo es lo correcto y de que va a funcionar, porque esta técnica ha dado resultado en el 96 por ciento de los casos en que se ha aplicado. Teniendo en cuenta que los fracasos se han producido en hogares en que los padres no fueron capaces de mantenerse firmes en su actitud, está claro que os saldrá más a cuenta mostraros seguros y relajados y no dar vuestro brazo a torcer.

Ahora hemos de elegir **los elementos externos** que el bebé asociará con su sueño, sin olvidar que **han de permanecer a su lado durante toda la noche**. De entrada, necesitaremos algunos nuevos, porque el pequeño ya conoce todo lo que hay en su habitación. Lo que haremos es crearlos. Para ello, mientras Juanito esté cenando, papá le hará un dibujo, dejando que el crío participe de la alegría del proceso creativo: «Mira lo que hago. Voy a usar el color naranja. Vamos a pintarlo...» Como es natural, si el niño ya es capaz, puede participar de una forma más activa. Bastará con un sencillo sol, aunque si el papá es un buen dibujante puede complicarlo un poco más —un pajarito, un arbolito—, pero siempre teniendo en cuenta a quién va dirigido.

Mamá, por su parte, puede construirle un móvil. Tampoco ha de ser algo del otro mundo, bastará con un simple hilo del que cuelgue una bola de papel de plata arrugada. Si no es tan bebé como para aceptar semejante ganga, ¿quién no sabe dibujar y recortar un avión, un barco o una muñeca? No hace falta que sea una obra de arte, lo importante es que el crío tenga algo nuevo en la habitación, algo que no haya tenido nunca.

En el capítulo anterior explicamos la importancia de crear un ritual alrededor de la acción de acostarse.

Para reeducar a vuestro hijo seguiremos los mismos pasos: primero un baño relajante, después la cena, seguida de 5 a 10 minutos haciendo algo agradable juntos (una nana, un juego relajado, un cuento) y, finalmente, darle las buenas noches y salir de la habitación mientras el niño está aún despierto.

Como creemos que la cuestión de la rutina ya ha quedado clara (páginas 56-57), ahora sólo queremos haceros una advertencia sobre la hora de la cena: para reajustar el reloj de vuestro hijo y, por tanto, reeducar su hábito del sueño es importante fijar unos horarios de comida. Por ello, vuestro hijo deberá tomar su desayuno a las ocho de la mañana, la comida a las doce del mediodía, la merienda a las cuatro de la tarde y la cena a las ocho de la noche. La elección de este horario, en el que hemos de ser bastante estrictos, tiene que ver con que el cerebro de los niños está preparado para acostarse entre las ocho y las ocho y media de la noche, ya que el sueño aparece con mayor facilidad a esa hora. En verano, cuando se produce el cambio horario, tendremos que acostarlo entre las ocho y media y las nueve de la noche.

Imaginemos, pues, que son las 20.30 horas y que Juanito, después del baño y la cena, está listo para irse a dormir. Papá y mamá entran en la habitación con el pequeño y comparten unos minutos con él (si es

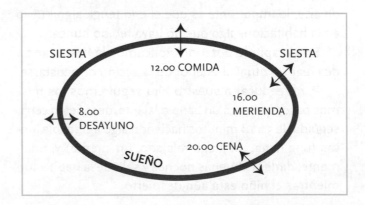

posible, hacerlo en el salón u otro lugar que no sea su dormitorio). Tras este rato agradable, cualquiera de ellos le explica a Juanito que el dibujo que han hecho durante la cena es un póster y que lo van a colgar en la pared, al igual que el móvil. Es imprescindible que el tono de vuestra voz denote tranquilidad. Si os mostráis seguros, vuestro hijo, aunque tarde unos días, también acabará por sentirse seguro.*

Si aún duerme con chupete deberéis comprarle varios, los que creáis necesarios, y colocárselos donde se acueste. ¿Por qué? Pura lógica: cuando se despierte en medio de la noche y busque su chupete debe encontrarlo porque, si no, tendrá que llamaros para que se lo deis vosotros y no nos interesa que eso ocurra.

Hecho esto, uno de los dos escoge un muñeco de los que ya tiene vuestro hijo y le pone un nombre, digamos Pepito. Se lo presenta al crío y le comunica que «a partir de hoy, tu amigo Pepito siempre dormirá conti-

---

- Las demandas que el niño hace en el momento de acostarse pueden originar distorsiones en los hábitos del sueño.
- No es el niño el que le «dice» a sus padres cómo o qué necesita para dormir.
  Son los padres los que enseñan el hábito de dormir a su hijo.

---

* Si por razones de trabajo llegáis tarde a casa y es una canguro quien lo acuesta cada noche, será ella quien deba reeducar a Juanito. En definitiva, no importa quién lo haga siempre que lo haga bien.

go». Es importante que el muñeco lo elijamos nosotros, es parte de nuestra estrategia para demostrarle y demostrarnos nuestra seguridad: no podemos permitir que sea el niño quien nos diga cómo se hacen las cosas, **somos los papás quienes le enseñamos el hábito de dormir**. Si vuestro hijo es mayorcito, no caigáis en la tentación de dejarle escoger a él. Tenga la edad que tenga, recordad que para nosotros ha nacido hoy y vamos a tratarle como a un recién nacido incapaz de valerse por sí mismo.

Como veréis, todos los elementos que hemos escogido no requieren un adulto. Recordad que nuestro objetivo es que nunca más ni papá, ni mamá, ni el biberón, ni nada que tengamos que quitarle sea un elemento que el pequeño asocie a su sueño. Todo lo que hemos elegido (el dibujo, el móvil, el muñeco y los chupetes) estará allí cuando se despierte. Puede que de entrada le haga ascos al pobre Pepito, pero cuando se despierte a las tres de la madrugada, su «fiel» amigo seguirá allí y, aunque no sea lo mismo que mamá o papá, que se han ido, o el biberón, que ha desaparecido, estará a su lado y no lo abandonará en ninguna circunstancia.

Ya podemos dar el siguiente paso. Son las 20.35 horas del «primer día de la vida de vuestro hijo». El póster está colocado, el móvil y los chupetes también, y Pepito y Juanito han sido formalmente presentados. Si no lo hemos hecho aún, hemos de acostar al pequeño. Existen dos posibilidades, según el lugar donde duerma:

- **Cuna**: lo colocáis en ella y, si se resiste a tumbarse, basta con dejarlo sentado. Si se levanta, no se lo impidáis. Tras dejarlo, separaos de la cuna a una distancia que impida que el niño os pueda coger (sin exagerar, bastará con un metro más o menos) y actuad como si no ocurriera nada fuera de lo habitual. Para él lo será y mucho, por lo que no os extrañe que empiece a llorar. No olvidéis que debéis mostraros muy convencidos de lo que hacéis.

- **Cama**: lo raro sería que se acostara como si no sucediera nada. Juanito no tiene un pelo de tonto y sabe que le estáis dando gato por liebre. Lo normal será que al intentar meterlo en su cama, se levante nervioso y enseguida empiece a llorar. No intentéis acostarlo otra vez. Cogedle de la mano, sentadlo en vuestro regazo si queréis y, sobre todo, mantened la calma.

Entonces, uno de vosotros se dirige al pequeño y le dice algo así como: «Amor mío, papá y mamá te van a enseñar a dormir solito. A partir de hoy dormirás aquí, en tu cuna con el póster, el móvil, Pepito» y todo aquello que hayáis escogido, es decir las cosas que están alrededor y que permanecerán junto a él durante toda la noche. El «discurso» ha de durar unos 30 segundos, por lo que es posible que debáis mencionarle hasta las cortinas y el correpasillos (su triciclo, si es mayorcito). No importa. Entienda o no lo que oye, lo primordial es el tono... y eso es un decir, porque lo más probable es que en ese momento esté llorando a moco tendido para lograr que las cosas vuelvan a ser como hasta ahora (como ese pasado que para nosotros ya no existe). Ni caso. Seguid hablando como si nada. Un truco para lograrlo consiste en estar atentos a lo que decimos, es decir, concentrarnos en cada palabra que pronunciamos mientras le explicamos cómo van a ser sus nuevas noches.

Es ahora cuando papá y mamá han de mostrar su verdadera fortaleza. No deberán pensar en Juanito, que alza sus bracitos con cara de morirse de pena o, si es más mayor, grita desesperado porque quiere dormir en el sofá del salón viendo la película de la noche. Está claro que el niño no renunciará fácilmente a sus «privilegios». Lo lógico es que llore, grite, vomite, patalee, diga «sed», «hambre», «pupa», «no te quiero»... lo que sea con tal de conseguir que os dobleguéis, pero **ni os inmutéis**. Recordad: el niño no ha de decirnos cómo se hacen las cosas, somos nosotros los que hemos de enseñarle a él. Y si os cuesta mucho, pensad que lo estáis haciendo por su salud y la de toda la familia y que, si seguís al pie de la letra las instrucciones, en siete días, como mucho, estaréis durmiendo todos de un tirón.

Cuando hayan pasado los 30 segundos, uno de los dos volverá a colocar a Juanito en la cuna o en la cama, como crea que estará más cómodo, **pero sólo una vez**. Le acercaréis los chupetes de forma que pueda alcanzarlos y le diréis: «Buenas noches, amor mío, hasta mañana.» Acto seguido, apagaréis la luz y saldréis de la habitación, dejando la puerta cuatro dedos abierta. Si estáis oyendo música o viendo la televisión, podéis bajar un poco el volumen, pero sin convertir la casa en un cementerio, porque es Juanito quien se ha de adaptar a vosotros y no vosotros a él.

Insistimos, da igual la edad que tenga vuestro hijo, para vosotros es un recién nacido. La técnica para reeducarlo es exactamente la misma para niños de 6 meses a 5 años; lo único que cambia es que cuanto más mayor sea el crío, más capacidad tendrá para utilizar dos «armas» muy peligrosas en vuestra contra:

- *La palabra*. A medida que el niño va creciendo y adquiriendo vocabulario, las cosas se complican, ya que es capaz de manipular a sus padres mediante el lenguaje. No es extraño que la mayoría de los niños insomnes hablen a edad temprana: pocos papás se resisten a «socorrer» a un hijo que grita «sed», «pupa» o «miedo», sin caer en la cuenta de que su pequeño es más listo que el hambre y que se ha dado cuenta de que si dice eso logra que le hagan caso (es el principio de acción reacción del que hablaremos en breve). Si hiciera falta aprendería a decir «Nabucodonosor». ¿Cómo combatir estos envites? Bien fácil: haciendo caso omiso de ellos. Vuestro hijo es un recién nacido y para vosotros no sabe hablar.

- *La agilidad física*. Le permitirá, por ejemplo, saltar de la cuna o de la cama y salir del dormitorio en busca de papá y mamá. No podéis pasaros la noche devolviéndolo a su lecho. ¿Solución? Una valla colocada en la entrada de la habitación. Así evitaréis tener que cerrar la puerta, lo que aterrorizaría al pequeño, pero cumple la misma función, porque el niño no podrá salir de su cuarto. Da igual si se levanta, ¡como si se quiere quedar dormido en el suelo!

Los niños no son tontos y es raro que eso suceda, pero si ocurre bastará con que, una vez dormido, lo metamos en su cama. Lo importante es que esté en su cuarto y cuando concilie el sueño lo haga allí y por sí mismo.

Hasta aquí os hemos explicado la historia desde vuestro lado de la barrera. Pero ¿qué pasa con Juanito?

Los niños se comunican con los adultos mediante el principio de acción-reacción. El pequeño realiza una acción porque espera conseguir una reacción por parte del adulto. Por ejemplo, si a un bebé de 6 o 7 meses lo dejamos en la cuna, le decimos buenas noches y nos vamos, es posible que le dé por dar palmaditas y cantar «a-a-a». ¿Qué reacción obtendrá como respuesta a esa acción? No mucho. Lo probable es que sus papás comenten entre ellos «Mira qué mono» y no hagan nada más. Pero ¿qué pasaría si gritara de una forma espantosa? Correrían a su cuarto para atenderlo. Justo la reacción que busca el bebé. ¿Qué acción hará la próxima vez que quiera «hacer formar» a papá y mamá? Está claro que no cantará ni dará palmaditas, preferirá el «heavy metal». Si un bebé de medio año es capaz de hacer esto, qué no será capaz de hacer al año o más, cuando además ya sepa hablar y moverse con cierta o total soltura.

Después de todo lo dicho, no nos cabe la menor duda de que Juanito es un ser inteligente, muy inteligente, y no va a doblegarse a nuestra voluntad a la primera de cambio. Si el niño ve que lo dejan en su cuna/cama y no le dan el tratamiento de siempre, ¿qué hará para recuperar sus privilegios? Ir probando en busca de aquello que provoque la reacción que quiere de sus padres.

Volvamos al momento en que papá o mamá le está soltando el discursito de buenas noches. Es posible que, apenas empiece, Juanito coja a Pepito y lo mande a freír espárragos y, acto seguido, la emprenda con los chupetes y salgan todos volando por los aires. Si se los recogéis, el crío volverá a tirarlos, y si los recogéis otra vez, acabarán nuevamente en el suelo. ¿Quién gana? Está claro que Juanito, porque él ha realizado una acción y vosotros habéis picado: ha logrado que reaccionarais, que es exactamente lo que buscaba.

¿Qué hay que hacer? Pongámonos en situación: uno de vosotros está hablando con el niño y éste tira las cosas para captar vuestra atención mientras llora amargamente. El «portavoz» sigue hablando como si no pasara nada y, una vez terminado el discurso, las recoge todas, se las coloca en la cuna como el que no quiere la cosa, le da las buenas noches, se gira y se va (si estáis los dos, os vais los dos). Lo más probable es que Juanito las vuelva a tirar, pero vosotros ya estaréis saliendo de la habitación y no volveréis a recogerlas. ¿Quién ha ganado?

Lo mismo vale si lo acostamos en la cama y él se levanta y volvemos a acostarlo. ¿Qué hará? Volver a levantarse. No querréis estar así toda la noche, ¿verdad? Juanito seguramente sí, porque eso significaría que estaríais junto a él. Por lo tanto, para no dejaros vencer, debéis colocar a Juanito como creáis mejor y, después, que haga lo que le venga en gana; nosotros, ni caso.

¿Qué otros trucos utilizará? Aparte de pedir agua, decir pupa... trucos de los que ya os hemos hablado, puede que vomite. No os asustéis, no le pasa nada: los niños saben provocarse el vómito con suma facilidad. ¿Qué haréis? Sulfuraos por dentro, pero manteneos impasibles por fuera; limpiad el desaguisado, cambiadle las sábanas y su pijama si hace falta y continuar con el «programa de actos» como si nada hubiera sucedido.

CÓMO REEDUCAR EL HÁBITO DEL SUEÑO

1. Crear un rito alrededor de la acción de acostarse (cantar una canción, explicar un cuento).

2. No se crea esta situación para que el niño se duerma sino sólo para que la asocie con un momento agradable antes de iniciar el sueño solo.

3. Los papás deben salir de la habitación antes de que el niño se duerma.

4. Si el niño llora, los padres deben entrar con pequeños intervalos de tiempo para darle confianza, sin hacer nada para que se duerma o calle, hasta que el niño concilie el sueño solo.

¿Qué más puede hacer Juanito? Llorar. Y no sólo llorará, sino que lo hará mirándonos con la cara más penosa que pueda poner. Es su arma más efectiva y lo sabe, al fin y al cabo, es el primer lenguaje mediante el cual se ha hecho entender. Él sabe que cuando llora, uno de los dos (papá o mamá) le suele responder primero y es a ése a quien dirigirá su mirada (su llanto), a la espera de que pique. Está usando su lloriqueo como una forma de acción. Pero los papás, a estas alturas, ya saben distinguir cuándo llora por dolor o para conseguir algo; por lo tanto, ya saben que Juanito no está «tan grave», por lo que deberán mostrarse tranquilos y seguir con su discurso. Una vez acabado, aunque llore, y ellos lloren por dentro, se van.

Evidentemente, la «gran batalla» no ha hecho sino comenzar. Lo lógico es que en cuanto abandonéis el cuarto Juanito eleve el volumen de su serenata y sus llantos se dejen oír claramente por toda la casa (puede que en el vecindario). Lo que no podemos hacer es marcharnos y dejar a Juanito llorando hasta que caiga de puro agotamiento (lo que, sin duda, os habrán recomendado erróneamente alguna vez). ¿Por qué no? Porque estamos reeducándolo, no castigándolo. Si nos vamos pensando «ya se cansará y caerá rendido», lo que le transmitimos al niño es que está siendo castigado o abandonado. Sin embargo, tampoco podemos entrar en su habitación a consolarle hasta que haya transcurrido un tiempo prudencial.

¿Cuánto? De entrada, **sólo 1 minuto**, pasado el cual, uno de los dos acudirá a su llamada para que Juanito lo vea.

Nuestro objetivo no es que se calle, ni que se calme, ni que se duerma: sólo lo hacemos para que note, **para que sepa que no lo hemos abandonado**. Por lo tanto, quien entre en su habitación se quedará a una distancia prudencial de la cuna (para que no se le agarre) o lo volverá a meter en ella o en la cama, si es que

Tabla de tiempos

*Minutos que los padres deben esperar antes
de entrar en la habitación del niño que llora*

SI EL NIÑO SIGUE LLORANDO

DÍA	PRIMERA ESPERA	SEGUNDA ESPERA	TERCERA ESPERA	ESPERAS SUCESIVAS
1	1	3	5	5
2	3	5	7	7
3	5	7	9	9
4	7	9	11	11
5	9	11	13	13
6	11	13	15	15
7	13	15	17	17

Estos tiempos valen tanto para cuando se acuesta al niño por primera vez a las 20.30 horas como cuando se despierta en medio de la noche. Van aumentando progresivamente siguiendo las técnicas conductuales de agotamiento hasta lograr que el niño comprenda que no consigue nada llorando y concilie el sueño solo. Como podréis comprobar, los tiempos también se van alargando a medida que pasan los días.

ha salido, y le hablará otra vez, durante unos 10 segundos, para explicarle tranquilamente lo que ya se le dijo antes: «Amor mío, mamá y papá te quieren mucho y te están enseñando a dormir. Tú duermes aquí con Pepito, el póster, los chupetes... Así que hasta mañana.» Tras estas palabras, si había tirado las cosas, se las coloca nuevamente en su cuna o en su cama y se vuelve a marchar. Da igual si Juanito está gritando, llorando o ha vuelto a salir de la cama/cuna.

Y otra vez a aguantar... y a sufrir. Esta vez esperaremos 3 minutos. Si transcurrido este tiempo Juanito sigue llorando, uno de los dos entrará nuevamente en su dormitorio (podéis turnaros) y hará exactamente lo mismo que hizo la vez anterior. El siguiente tiempo de espera es de 5 minutos, tras los cuales, se repetirá la misma escena. A partir de este momento, se esperan 5 minutos entre visita y visita, aunque si vuestro sufrimiento os impide esperar «tanto» podéis hacerlo cada 3 minutos.

Es fundamental que vayáis entrando en la habitación del pequeño para que no se sienta abandonado. Ni se os ocurra dejarlo esperar más de 5 minutos, que es el tiempo máximo que puede estar solo durante el primer día de su «reeducación». Hacerlo sería una crueldad: lo que más teme un pequeño es que sus padres no lo quieran y lo abandonen y éste es el mensaje que captaría si no cumplierais con vuestras visitas. Si, por el contrario, vais a verlo y le habláis con cariño, sin gritar, ni enfadaros y mostrando una gran tranquilidad, Juanito acabará entendiendo que papá y mamá no lo han dejado solo, que lo quieren muchísimo, pero que por mucho que llore y monte una escena no van a quedarse y que no pasa nada por estar solo a la hora de dormir. Todo ello lo tranquilizará, le dará la seguridad que tanto necesita y, finalmente, logrará conciliar el sueño. Nos parece oír vuestra pregunta: «¿Cuánto tardará en dormirse?» A algunos niños les cuesta más que a otros captar el mensaje, pero lo habitual es que como máximo tarden 2 horas.

El caso es que Juanito se dormirá, pero como es un reloj que aún no ha sido ajustado, al cabo de 1, 2 o

3 horas volverá a despertarse. ¿Y qué hará? Llorar y/o gritar «sed», «hambre» o «miedo», por citar algunos ejemplos. ¿Y qué haremos nosotros? Volveremos a enseñarle a dormir repitiendo todo el proceso, respetando la tabla de tiempos. Como es el primer día, la primera vez aguantaremos un minuto antes de entrar en su cuarto y echarle el discursito: «Amor mío, mamá y papá entienden que estás muy enfadado, porque te enseñamos a dormir, pero tú duermes aquí con tu amigo Pepito, el póster... Buenas noches, hasta mañana.» Y otra vez fuera. La segunda vez se esperan 3 minutos antes de entrar y, a partir de la tercera, 5 minutos y así hasta que vuelva a dormirse.

Hay que hacer esto independientemente de la hora que sea, porque el niño no entiende de horarios. Pero mucho cuidado: cuando os despierte a las tres, cuatro o cinco de la madrugada, lo más probable es que estéis agotados y, por eso, será más fácil que caigáis en cualquiera de los trucos que utilice para doblegaros. Bastará con que una sola vez hagáis lo que el niño os pida —agua, una canción, darle la mano «un momento», brazos...— para que perdáis la partida: todo lo que hayáis logrado se habrá esfumado, habréis perdido el tiempo, porque se dará cuenta de que allí tiene una rendija por la cual colarse, y será como volver a empezar. Si, por el contrario, seguís a rajatabla esta técnica, os sorprenderán la rapidez y la efectividad de este método.

Cuando el problema es psicológico

Al principio de este capítulo os dijimos que sólo el 2 por ciento de los trastornos de insomnio tiene causas psicológicas. En estos casos, la técnica descrita quizá no dará resultado ya que la causa no es un hábito mal adquirido, sino algún problema de tipo emocional. En primer lugar, debéis tener en cuenta que los acontecimientos que alteran a los padres también afectan a los pequeños, porque si los padres están ansiosos, los niños lo perciben y también lo están, con lo que sus mayores no pueden transmitirles la suficiente confianza y tranquilidad de ánimo para que concilien el sueño.

Por otra parte, el crecimiento en sí produce acontecimientos nuevos que pueden afectar mucho al niño; esto se traducirá en una mayor ansiedad durante la noche. Situaciones como el traslado de la habitación de los padres a la propia, el nacimiento de un hermano, el inicio de la guardería, la visión de escenas violentas en televisión... pueden angustiar a vuestro hijo y repercutir sobre su sueño.

En estos casos, la solución pasa por averiguar la causa que provoca la ansiedad y solventarla. A veces, hará falta que el niño reciba tratamiento psicológico y, si es así, lo normal es que los padres también (separaciones, malos tratos...).

Importante: En el capítulo 8 «Preguntas y respuestas» encontraréis explicaciones a algunas de las cuestiones que probablemente os surgirán sobre la aplicación de este método.

5 ¿Y QUÉ PASA CON LA SIESTA?

SOBRE CÓMO HA DE SER SU SUEÑO DIURNO

Las ojeras de Paula lo dicen todo. Hace poco que su hijo David empezó a andar y, salvo las horas en que duerme, el pequeño se pasa todo el día de acá para allá en busca de nuevos mundos. «Sólo de mirarle me canso», explica resignada.

Probablemente, la mayoría de los padres con hijos de corta edad estarán de acuerdo con ella. Y no les falta razón, porque los pequeños suelen desarrollar una actividad frenética; a su escala, ¡pero frenética! Para ellos, el mundo es un gran campo de juego, mejor aún, un inmenso laboratorio donde experimentar. *Todo* les llama la atención y quieren estar en *todo*, tocarlo *todo*, probarlo *todo*. Y, bromas aparte, hay que tomarse su ímpetu en serio, ya que gracias a esa curiosidad y a ese no parar se desarrollan física, intelectual y emocionalmente, y a un ritmo al que no lo volverán a hacer en la vida.

Para que esta evolución se realice en las mejores condiciones posibles necesitan una gran cantidad de energía que básicamente obtienen mediante una alimentación equilibrada y un buen descanso. De ahí la importancia de la siesta. **No basta con que duerman bien por la noche, también necesitan de un alto en el camino durante el día para poder recargar pilas.** Este tiempo de descanso diurno varía con la edad: desde

la interminable siesta que es la vida del recién nacido a ese corto descanso que se hace en la mayoría
de las guarderías y que, por desgracia, acaba per-
diéndose cuando los niños empiezan a asistir a la
escuela.

Dada su trascendencia, vamos a dedicar este capítulo a la siesta. Primero nos ocuparemos de cómo ha
de ser el sueño diurno de nuestros hijos en función de
su edad. Después, de lo que hay que hacer si tienen
problemas para dormir la siesta, ya que muchos padres
que aseguran haber reeducado el sueño de sus hijos
por la noche se quejan de lo difícil que les resulta solucionar el problema de día. Por algún motivo, estos
papás caen en la trampa de hacer distinciones entre
el sueño nocturno y el diurno, cuando en realidad han
de afrontarse de la misma forma. Es indispensable que
entendáis que: **enseñar a dormir debe hacerse igual
tanto si es de día como si es de noche.**

LOS TRES PRIMEROS MESES

Aunque el sueño diurno ocupa gran parte de la vida
de los recién nacidos, aún no se puede hablar de la
siesta propiamente dicha, porque ni siquiera distin-
guen entre el día y la noche y, en estos momentos, su
estado natural es el de reposo, independientemente
de la hora que sea.

Al principio tienen un ritmo biológico de unas
3-4 horas, período de tiempo en el que son limpia-
dos-alimentados-y-se-vuelven-a-dormir, y necesitarán

de unos meses para adaptarse al nuestro, de 24 horas.*
Aunque no podéis hacer mucho para acelerar este proceso, sí podéis ayudar a que se desarrolle en las condiciones más adecuadas. Como ya hemos hablado
de ello en el capítulo 3 («Despacito y buena letra»),
os invitamos a releerlo si lo creéis necesario. Aquí sólo
queremos insistir en aquellos puntos que considera-
mos de mayor importancia y que provocan más dudas
entre los papás:

Hay que mantener un horario de comidas

Desde el nacimiento, las tomas han de seguir un
horario lo más estable posible. Para ello recomendamos que se fijen cada 3-4 horas, con una pauta que,
si vuestro pediatra está de acuerdo, podría ser la siguiente: ocho de la mañana (8.00), mediodía (12.00), cuatro de la tarde (16.00), ocho de la noche (20.00), medianoche (24.00) y cuatro de la madrugada (4.00).
Creemos que es importante mantener este ritmo, con
un margen de desfase de quince minutos, para conseguir que el reloj biológico del pequeño se vaya orga-
nizando desde las primeras semanas. Esto implica que:

- Lo despertéis si a la hora de su toma está durmiendo.
  Si la retrasáis, favoreceréis que la anarquía se apo-
  dere de su reloj interno.

---

* En realidad, el ciclo dura casi 25 horas, pero cada día vamos
ajustándonos.

- Si vuestro pequeño se despierta antes de hora y empieza a llorar, no lo alimentéis. ¡Ojo!, recordar que **llanto no siempre equivale a hambre.** A veces se debe a su necesidad de compañía y cariño, entonces bastará con que le acunéis o le cantéis un poco, por ejemplo. En otras ocasiones, las causas serán menos emotivas, como que tenga frío o calor o haya manchado su pañal y se sienta incómodo. Por lo tanto, si se despierta antes de la hora de su toma y llora, no corráis a ofrecerle el pecho* o el biberón. Aprovechad para cambiarlo, mecerlo, hablar con él... Así, no se sentirá abandonado, sino que le trasmitiréis vuestro cariño, le daréis seguridad, y, además, esperará sin quejas hasta su hora de comer.

HORARIO RECOMENDADO DE TOMAS

(desde el nacimiento hasta los 3-4 meses)

8 mañana: desayuno
12 mediodía: comida
4 de la tarde: merienda
8 de la noche: cena
12 de la noche: primer complemento nocturno
4 de la madrugada: segundo complemento nocturno

* Estamos totalmente a favor de la lactancia materna, pero no podemos aprobar que el pecho se convierta en un chupete. Los órganos humanos han de utilizarse para la función que les ha sido encomendada, en este caso, para amamantar al niño cuando SÍ tiene hambre, no como forma de consuelo.

Otra recomendación: las tomas de las ocho de la mañana, del mediodía y de las cuatro de la tarde hacedlas
con luz natural y ruido ambiental y, en cambio, las nocturnas, en un entorno más relajado. Así empezará a
distinguir entre el día y la noche, lo que será fundamental para que se adapte a un ciclo de 24 horas.

Ha de conciliar el sueño solo

Aunque aún es muy chiquitín, hay que intentar que
no se duerma durante la toma. Si no, asociará sueño
y comida y cada vez que deseéis que lo concilie tendréis que alimentarle. Para mantenerlo despierto, habladle, acariciadle la oreja o jugad con sus pies.

Si, por el contrario, después de haberse alimentado aún no tiene sueño, dedicadle vuestra atención.
Mantenerle un rato bien despejado le ayudará a diferenciar el estado de vigilia y el de sueño, paso indispensable para distinguir el día (estar despierto) de la
noche (dormir).

Cuando le toque descansar, acostadle en su cuna
y dejadle solo para **que concilie el sueño por sus propios medios**. En ningún caso podéis convertiros en
algo que necesite para quedarse dormido. Si tenéis
dudas sobre los elementos externos que podéis asociar con su sueño, os recomendamos releer las páginas 49 a 53.

HORARIO RECOMENDADO DE TOMAS
(desde los 3-4 meses a los 6 meses)

8 mañana: desayuno
12 mediodía: comida
4 de la tarde: merienda
8 de la noche: cena
2 de la madrugada: complemento único nocturno

DE LOS CUATRO A LOS SEIS MESES

A partir de los cuatro meses es probable que vuestro bebé tienda a alargar la última toma y que a menudo os veáis obligados a despertarle para alimentarle a medianoche. Coincidiendo con esto, el pediatra os anunciará que a vuestro hijo ya le basta con cinco ingestas diarias y os explicará qué tipo de comida debéis darle y en qué cantidad. Cuando esto suceda, recomendamos que las tomas se fijen a las ocho de la mañana, al mediodía, a las cuatro de la tarde, a las ocho de la noche y a las dos de la madrugada.

No olvidéis que durante el día hay que amamantarle o darle el biberón en un lugar donde haya luz, preferiblemente con música o sonidos ambientales, y que quien se encargue de hacerlo recuerde hablar con el pequeño o estimularle de forma que permanezca despierto. Repetimos: **es imprescindible que el niño asocie la comida con estar despierto.** Sin embargo, cuando le alimentéis a las dos de la madrugada hacedlo con poca luz y en silencio, para no despejarlo mucho, porque esta toma se eliminará muy pronto y no nos interesa que el niño se acostumbre a despertarse a estas horas. Si lo alimentamos con biberón, no estaría de más dejarlo preparado, para que baste con calentarlo, a fin de que papá o mamá también permanezcan el menor tiempo posible despiertos.

En cuanto a las siestas, aún seguirá durmiéndolas tras cada comida. Después de la toma de las ocho de la mañana (su desayuno), es probable que descanse entre las nueve y las once. Si duerme algo más o menos, no os preocupéis. De hecho, a algunos bebés les basta con una hora. Cuando se despierte, si queréis, podéis aprovechar para darle un paseo.

Después de la toma del mediodía (su comida), la siesta debe ser consistente, es decir, durar entre dos y tres horas. Repetimos: algunos niños necesitarán más tiempo, otros menos, por lo tanto, no alarmaros innecesariamente si vuestro hijo no repite exactamente lo que decimos.

Tras la merienda, a las cuatro de la tarde, es posible que duerma algo menos. Algunos bebés sólo descansan una hora, otros pueden llegar a tres. Cuando se despierte, podéis darle otro paseo y, después, el baño y la cena (ocho de la noche).

La duración de las siestas se irá acortando poco a poco, pero es imprescindible que mantengáis los horarios de las tomas, siempre con un margen de flexibilidad de quince minutos.

Queremos detenernos un momento en la cuestión del paseo. Es un error convertirlo en un método para dormir al pequeño. A los niños no se les ha de sacar a pasear para que se queden «roques», sino para que les dé el sol, despertar sus sentidos y que vayan aprendiendo cosas. De nada sirve que el paseo dure una hora, si vuestro bebé se pasa todo el rato durmiendo en el cochecito. Para evitar que esto suceda es preferible que escojáis un parque cercano, de forma que lleguéis enseguida, y una vez allí saquéis al bebe del cochecito, bien tapado si hace frío, y le mantengáis despierto, habléis con él, le hagáis mirar a su alrededor para que reciba el máximo de estímulos ambientales (y, por supuesto, afectivos).

Indispensable: No olvidéis que para que aprenda un buen hábito del sueño, debéis dejarle solo en su cuna para que concilie el sueño por sí mismo.

DE LOS 6 HASTA LOS 18 MESES

A partir de los 6 o los 7 meses, la mayoría de los bebés tienen un ritmo biológico de vigilia-sueño bien

HORARIO RECOMENDADO DE TOMAS
(a partir de los 6 meses)
8 mañana: desayuno 12 mediodía: comida 4 de la tarde: merienda 8 de la noche: cena

estructurado y sus tomas se han reducido a cuatro, que recomendamos se realicen a las ocho de la mañana (desayuno), mediodía (comida), cuatro de la tarde (merienda) y ocho de la noche (cena).

Después del desayuno, dormirá su primera siesta, cuya duración se irá acortando hasta desaparecer definitivamente a partir de los 15 meses. La de después de la comida seguirá siendo larga, hasta de tres horas. Insistimos: algunos niños dormirán más, otros menos.

La siesta de después de la merienda (cuatro de la tarde) es la primera que se pierde. Es posible que a partir de los 7-8 meses el niño ya no precise dormirla. Entonces dispondréis de más tiempo para estar con él, jugar y enseñarle cosas, y, sobre todo, comunicarle vuestro afecto.

DESDE EL AÑO Y MEDIO A LOS CINCO AÑOS

Lo habitual es que a los 18 meses los pequeños sólo duerman una siesta al día, la de después de comer (mediodía). Fácilmente, durará tres horas, aunque si es más corta o más larga no temáis. De hecho, si el pequeño se muestra vital y el pediatra le ve bien, ¿a qué viene preocuparse?

Esta siesta debería considerarse «sagrada», pero, desgraciadamente, se suele suprimir por necesidades escolares. Es un error y de los grandes, porque **numerosas investigaciones han demostrado que la necesidad de descansar, entre la una y las cuatro de la tarde, persiste durante toda la vida.**

A cualquier padre le resultará fácil comprobar que cuando se les suprime la siesta, los niños llegan a casa agotados o se muestran muy irritables, otro signo evidente de que están cansados. Asimismo, no es extraño que se duerman antes de cenar e incluso algunos se nieguen a comer, lo que evidentemente no beneficia su desarrollo.

Otro problema que se ha estudiado y comprobado es que a los niños que se les suprime la siesta demasiado pronto tienen más probabilidades de sufrir episodios de sonambulismo y/o terrores nocturnos, ya que al irse a dormir tan cansados lo hacen más profundamente, lo que propicia su aparición (véase capítulo 7, «Otros problemas»).

En definitiva, resulta paradójico que aplaudamos cuando los especialistas recomiendan que, de poder, los adultos descansen de diez a veinte minutos después de comer, y que no nos quejemos cuando los niños dejan de hacerlo por estar en clase. Por ello, defendemos que, hasta por lo menos los cinco años, se permita que los niños hagan una siesta, como mínimo, de una hora después de comer, estén o no en el colegio.

CÓMO REEDUCAR EL HÁBITO DEL SUEÑO DURANTE LA SIESTA

No importa si estamos lidiando con un bebé o con un niño más mayor, a estas edades no dominan las cuestiones horarias y si lo hacen (hay muchos sabelotodos de tres años) hemos de tener claro que quien sabe cómo se hacen las cosas somos nosotros. ¡Y si aún dudáis, memorizad el capítulo 2!

En realidad, la forma de enseñar a nuestros hijos a dormir es siempre la misma, se trate de sueño diurno o nocturno. Como el ejemplo de la comida es el más efectivo, vamos a retomarlo. A los niños, tengan la edad que tengan y sea la hora que sea, les enseñamos a comer siempre de la misma manera. No importa si se trata del desayuno, la comida, la merienda o la cena, cuando les damos un yogur siempre utilizamos una cuchara y la misma técnica. Y funciona, porque al cabo de poco tiempo saben cómo hacerlo por sí mismos. Si esto resulta para la comida, otro tanto sucede con el sueño. A nuestros hijos hemos de enseñarles a dormir de la misma forma, independientemente del momento del día en que lo hagamos. Por lo tanto, **la técnica para reeducar su hábito de sueño diurno ha de ser la misma que usamos para reeducar su hábito de sueño nocturno.**

Así pues, cuando sea su hora de la siesta, llevaréis a vuestro pequeño a su cuna o cama, donde le dejaréis estando despierto, con los elementos que le podrán acompañar durante el sueño: su muñeco, los chupetes si los usa, el póster y el móvil. Entonces, al igual que hacéis por la noche, os dirigiréis a él con mucha dulzura para decirle algo así como: «Mamá y papá te quieren mucho y te van a enseñar a dormir solito. A partir de hoy dormirás aquí, en tu cuna (cama), con el póster, el móvil, Pepito (o el nombre que le hayamos puesto al muñeco)...» Recordad: Sólo podéis estar unos segundos (treinta como mucho) y después **saldréis de la habitación para que el pequeño concilie el sueño estando solo.**

Como veréis, el método es el mismo que utilizáis por la noche, sólo que con dos variantes:

1. *Los tiempos de espera*. Para reeducar su hábito del sueño durante la siesta esperaréis menos minutos antes de entrar en la habitación para consolarle si está llorando (véase gráfico de esta página).

2. *El tiempo que vais a dedicar a enseñarle a dormir*. Esto es de vital importancia: **Si pasadas dos horas el niño aún no se ha dormido, deberéis sacarlo de la cuna y esperar hasta la próxima siesta.** Cuidado, no

TABLA DE TIEMPOS (SIESTA)

Minutos que los padres deben esperar antes de entrar en la habitación del niño que llora

		SI EL NIÑO SIGUE LLORANDO		
DÍA	PRIMERA ESPERA	SEGUNDA ESPERA	TERCERA ESPERA	ESPERAS SUCESIVAS
1	1	2	3	3
2	2	3	4	4
3	3	4	5	5
4	4	5	6	6
5 y sucesivos	5	6	7	7

Si tras pasar unos días durmiendo bien, el niño vuelve a presentar problemas de sueño, hay que aplicar los tiempos de espera desde el primer día.

dejéis que se duerma después, cuando no le toca, porque esto modificaría sus horarios.

Como a partir de los 6 meses, las siestas de después del desayuno y de la merienda suelen hacerse más cortas, sólo habréis de aplicar la tabla de tiempos durante una hora. Si pasada esta hora, no se ha dormido, ya sabéis, levantarlo y esperar a la próxima siesta... ¡manteniéndolo despierto!

En cualquier caso, si el pequeño concilia el sueño y se despierta después de unos treinta minutos o más debéis volverlo a intentar, pero como mucho durante una hora. Ahora bien, si creéis que ha dormido lo suficiente, porque lo veis contento y de buen humor, no hará falta que lo intentéis otra vez.

¿DÓNDE DEBE DORMIR LA SIESTA?

Mientras le estéis enseñando el hábito de dormir, acostarlo siempre en el mismo sitio, mejor si es su cuna o su cama, y con los mismos elementos (póster, móvil, muñeco, etc.). Como es de día, no hace falta que duerma en la más absoluta oscuridad, salvo que prefiráis bajarle totalmente las persianas. En cuanto al ruido ambiental, aplicad los mismos criterios que para el sueño nocturno: No es necesario que convirtáis la casa en un cementerio.

Cuando ya duerma bien, seréis libres de cambiarle de lugar si es necesario; por ejemplo, acostarle en su cuna portátil si se queda en casa de los abuelos el fin de semana.

¿CÓMO SABEMOS SI HA DORMIDO BASTANTE SIESTA?

La única forma de averiguar si el niño ha dormido lo suficiente es observar cómo se encuentra después de la siesta. Si no da signos de inquietud, está contento, puede estar un ratito solo y es capaz de esperar hasta la siguiente toma con ese buen estado de ánimo es que ha dormido bastante. Si, en cambio, suele mostrarse inquieto, de mal humor, «tonto» y «quejica» es que necesita más sueño.

Cada niño es diferente. Mientras que algunos con sólo tres años apenas hacen la siesta, otros necesitan dormir un mínimo de dos horas hasta cumplir los cinco. En ambos casos, se trata de niños completamente normales.

6 CUESTIONES HORARIAS

SOBRE CÓMO GANARLE LA BATALLA AL RELOJ

A estas alturas, si ya habéis puesto en práctica lo aprendido, vuestro hijo debe ser un experto en sueño nocturno. Pero tal vez tengáis dudas sobre cuánto tiempo ha de pasar durmiendo, queráis cambiar su hora de irse a la cama y/o suspiréis porque os despierte un poco más tarde por las mañanas. Seguid leyendo.

¿Cuántas horas debe dormir?

Al igual que sucede con los adultos, unos niños necesitan más horas de sueño y otros menos. Dicho esto, sirvan las siguientes líneas a modo de orientación.

Los recién nacidos suelen dormir 16-17 horas diarias repartidas en períodos que pueden variar de 2 a 6 horas. Lo habitual es que alrededor del tercer mes, y con un poco de ayuda, empiecen a adoptar el ciclo día-noche, lo que significa que durante el día duerman 3 o 4 siestas y su sueño nocturno empiece a ser el más largo: entre 5 y 9 horas.

A los 6 meses duermen unas 14 horas diarias en total. Las siestas se han reducido a dos y su sueño nocturno se prolonga entre 10 y 12 horas. A estas alturas, si ha adquirido un buen hábito del sueño, será capaz de dormir toda la noche de un tirón.

El descanso del pequeño guerrero	
1 semana	16-17 horas
3 meses	15 horas
6 meses	14 horas
12 meses	13 3/4 horas
18 meses	13 1/2 horas
2 años	13 horas
3 años	12 horas
4 años	11 1/2 horas
5 años	11 horas

Entre los 12 y 24 meses su sueño nocturno disminuirá algo (13 horas) y poco después del primer cumpleaños, la siesta se reducirá a una diaria, generalmente después de comer. A partir de entonces, sus necesidades de sueño irán en descenso.

Para comprobar si duerme lo suficiente podéis fijaros en el gráfico superior, pero, ¡ojo!, tened en cuenta que estos valores son un promedio, es decir, si vuestro hijo duerme entre 2 horas más y 2 horas menos de las que os indicamos aquí no significa que tenga un problema.

Sin embargo, si aún duerme menos, observad su conducta para comprobar si presenta síntomas de falta de sueño: ¿está irritable?, ¿adormilado?, ¿absorto?, ¿es incapaz de mantener la atención? Entonces deberéis controlar sus horarios y hábitos nocturnos para ver si podéis aumentar las horas que duerme.

Si, por el contrario, duerme más, comprobad que

su crecimiento sea normal y que cuando está despierto se muestre atento y activo. Si es así, no os preocupéis; lo único que sucede es que os ha tocado en suerte un dormilón.

¿Podemos lograr que se adapte a un nuevo horario?

Puede que vuestro hijo haga el período de sueño más largo durante el día o que se duerma muy temprano y se despierte de madrugada sin el menor interés por volver a caer en brazos de Morfeo. No es el fin del mundo, podéis reorganizar su sueño de una forma muy sencilla.

Para cambiarle el horario,* podéis ir retrasando su hora de dormir a razón de 30 minutos por semana, sin forzar al pequeño, de forma que se vaya adaptando poco a poco. Dependiendo de la magnitud del cambio, tardará más o menos tiempo en lograrlo, pero podéis acostumbrarlo a lo que creáis más conveniente, siempre que utilicéis el sentido común y no forcéis a vuestro hijo. Ante todo, no debéis quebrar su seguridad.

Una última advertencia al respecto: es posible que el pequeño duerma muy poco durante la noche porque sus siestas sean muy largas. Para solucionarlo, bastará con que limitéis sus horas de sueño diurno.

* Lo ideal es que se vaya a la cama entre las 20.00 y las 20.30 horas en invierno y entre las 20.30 y las 21.00 en verano.

¿Hay algún truco para que nos deje dormir un poco más?

Un bebé no sabe qué hora es, ni le importa. Cuando se despierta por la mañana es porque ya ha dormido lo suficiente, y lo más normal es que, para nuestro desespero, lo haga muy temprano. Si os llama, grita o llora, de nada sirve hacer ver que no os enteráis. En este caso, más vale acudir de inmediato, aunque no por ello debáis sacarlo de su cuna. Si, por el contrario, sólo gorjea y no protesta, no os mováis. Poco a poco, se acostumbrará a estar un rato sin la compañía de un adulto.

A menos que tenga hambre o alguna otra molestia, se quedará muy contento en la cuna si tiene con qué entretenerse. Cuando son muy pequeñitos se pueden distraer mirando su móvil o con cualquier otro juguete propio de su edad. Además, tened en cuenta que si propiciáis que el bebé se sienta cómodo —cambiándole el pañal o dándole el biberón—, es posible que ganéis una hora de sueño.

Cuando es algo mayor, y una vez descartados posibles causantes del despertar —ruidos de tráfico, luz, frío o calor—, podéis probar a dejarle una sorpresa al pie de la cuna: un día, unos libros; al siguiente, una caja de colores con un cuadernillo; después, juguetes varios... También podéis poner un biberón o vaso de agua y un trozo de pan o galletas al alcance de su mano.

A partir de los 3 años, cuando veáis que el niño ya es capaz de entenderos y de colaborar con vosotros, podéis utilizar un «truco» para lograr que os deje dormir un poco más. Imaginemos, por ejemplo, que vuestro hijo se despierta normalmente a las ocho de la mañana y queréis que os deje dormir hasta las diez.* ¿Qué haréis?

En primer lugar, deberéis comprar un reloj al que se le pueda quitar el cristal y ponerle una pegatina donde marca las diez. Después, confeccionaréis un calendario. Como el niño todavía no es suficientemente maduro para distinguir qué día de la semana es, colocaréis una tira de papel en la pared en la que previamente habréis dibujado siete cuadratines, uno por cada día de la semana. Los correspondientes al sábado y al domingo serán de otro color para que el niño pueda diferenciarlos. Cada noche, marcaréis con vuestro hijo el día de la semana en que estáis: el lunes, el primer cuadratín; el martes, el segundo, y así sucesivamente, indicándole «Hoy es lunes», «Hoy es martes», etc. El viernes por la tarde, cuando vuelva del colegio, le haréis saber que al día siguiente será sábado y, por lo tanto, un día especial para él. ¿Por qué? Porque será el encargado de despertar a los papás. ¡No hay nada más efectivo que darle a un crío el papel protagonista!

¿Y cómo sabrá él cuando os ha de despertar? Para eso está el reloj: «Cuando la aguja gorda señale (esconda, toque, pise, apunte, tape...) la pegatina, vienes a despertarnos y nosotros te daremos una sorpresa (haremos una fiesta, te daremos un regalo...).» ¿En qué consistirá? Pues en cualquier cosa que se os ocurra. Podéis,

---

* Dos horas de «regalo» deberían pareceros suficiente. Pedir que aguante más es demasiado.

por ejemplo, esconder globos debajo de la cama, jugar a peleas, tirarle serpentinas, un pequeño regalito... No hace falta que sea muy especial, bastará con que no se lo espere. Eso sí, lo que no podéis hacer bajo ningún concepto es decirle algo así como «Espera un poco más, ahora iremos» o «Acuéstate con nosotros un rato». Él ha cumplido su parte del trato, vosotros debéis hacer lo mismo.

¿Cómo vais a conseguir que aguante esas 2 horas —¡casi nada!— que median entre las ocho y las diez? Preparando el escenario. La tarde anterior, cuando salga del cole, los dos o al menos uno de vosotros, iréis con el pequeño a comprar el desayuno de la mañana siguiente. Es importante que lo hagáis juntos para que el niño sienta que participa. Elegís algo que le guste mucho: un batido de chocolate en tetrabrik, un cruasán, magdalenas, lo que sea... Una vez en casa, lo colocaremos en una mesita al lado de su cama, para que a la mañana siguiente lo tenga todo a su alcance.

Otra buena idea es comprarle un juego «especial», uno que sólo se puede sacar los sábados y domingos por la mañana. Es decir, le damos un elemento nuevo que le ayude a pasar el rato y esperar todo ese tiempo.

¿Qué ocurrirá? El primer día se levantará a las ocho, se tomará el desayuno y a las ocho y cinco ya estará en vuestra habitación gritando: «¡Fiesta!» Es lógico, porque aún no ha aprendido. ¿Qué haréis? Lo mismo que hacéis por la noche, ir a su cuarto, enseñarle el reloj, explicarle que todavía no es la hora, que no pasa nada, y que «Tú te quedas aquí, jugando con tus juguetes, y cuando la aguja gorda señale la pegatina nos despiertas y te daremos una sorpresa»... y empezáis otra vez con lo de la tabla de tiempos, sólo que esta vez no lo haréis para que se duerma, sino para que juegue y aprenda a estar solito un rato.

Como el reloj no lleva cristal, podéis trucarlo. Por ejemplo, si se despierta a las ocho y queréis que os llame a las diez, adelantárselo una hora, de forma que cuando se despierte marque las nueve y sólo haya de esperar sesenta minutos para presentarse en vuestro cuarto. Él no entiende de horarios y sólo se fijará en la pegatina y en la aguja gorda. Una vez logrado el objetivo, podéis ir adaptando el reloj hasta que el niño sea capaz de esperar las dos horas. ¡Buena suerte!

7 OTROS PROBLEMAS

SOBRE CÓMO

AFRONTAR LAS PESADILLAS

Y DEMÁS PARASOMNIAS

Bajo el nombre de parasomnias se agrupan todos los fenómenos que se producen durante el sueño, interrumpiéndolo o no, y que son una mezcolanza de estados de sueño y vigilia parcial: sonambulismo, terrores nocturnos, pesadillas, bruxismo, somniloquia y movimientos de automecimiento.* Por regla general y durante la infancia, las parasomnias no son graves, aunque hay que reconocer que pueden perturbar la vida familiar. La edad en la que tienen mayor incidencia es entre los 3 y los 6 años.

SONAMBULISMO

Un caso típico sería el de un niño de 4 o 5 años, que se levanta de la cama, enciende la luz y, andando torpemente y con los ojos abiertos, se dirige al lavabo a hacer pipí, pero en lugar de hacerlo en la taza, lo hace en la bañera o en un zapato (que no os sorprenda, ¡no sería la primera vez que ocurre!). Acto seguido, vuelve a su cuarto, apaga la luz, se mete en cama y

---

* Aunque la enuresis (hacerse pipí en la cama) se produce mientras el niño está durmiendo, no es un trastorno relacionado con el sueño, por lo que no es un problema que suelen tratar los especialistas en este campo, sino los pediatras.

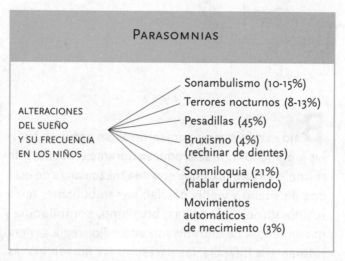

PARASOMNIAS	
ALTERACIONES DEL SUEÑO Y SU FRECUENCIA EN LOS NIÑOS	Sonambulismo (10-15%)
	Terrores nocturnos (8-13%)
	Pesadillas (45%)
	Bruxismo (4%) (rechinar de dientes)
	Somniloquia (21%) (hablar durmiendo)
	Movimientos automáticos de mecimiento (3%)

sigue durmiendo. A la mañana siguiente no se acuerda de nada.

Este fenómeno suele producirse durante las 3 o 4 primeras horas de sueño y se trata de la repetición automática de conductas aprendidas durante el día, pero estando profundamente dormido, lo que explica que el sonámbulo actúe de una forma torpe e incongruente. La causa de estos episodios se desconoce y no existe un tratamiento para evitarlos. Suele ser más frecuente en las familias con antecedentes de sonambulismo y normalmente desaparece durante la adolescencia.

Dicho esto, es bueno que sepáis que se trata de una alteración benigna y, sobre todo, que no es tan peligrosa como suele creerse. Un sonámbulo nunca se tira por la ventana, en todo caso se confunde y sale por la ventana creyendo que es una puerta. Por ello, si vuestro hijo lo es, deberéis adoptar medidas de seguridad para evitar cualquier accidente fortuito.

¿Qué más hay que hacer? Salvo intentar reconducirlo a la cama, nada. No debéis despertarlo. Aunque no es verdad que pueda morirse del susto, como se cree erróneamente, le aturdiríais: él está durmiendo profundamente y no entendería qué sucede. Lo mejor, pues, es hablarle muy despacio y utilizando frases sencillas: «Vamos a la cama», «Ven conmigo...». No le hagáis preguntas ni intentéis conversar con él. Una vez acostado, dejadlo tranquilo.

SONAMBULISMO

Ejemplo

- Paciente de 4 años y 6 meses
- Desde hace 5 meses, con una frecuencia aproximada de 3-4 veces al mes y después de haber dormido 2-3 horas, sale de la cama, va hacia el lavabo y orina en el suelo
- Normalmente no habla ni grita, tampoco suele encender la luz y no recuerda nada al día siguiente
- Normalidad absoluta física y psíquica
- Su papá solía hacer cosas parecidas
- Los episodios desaparecieron progresivamente de forma espontánea

PESADILLAS

Siempre se producen en la segunda mitad de la noche,* normalmente al amanecer, y son sueños que generan ansiedad en el niño, que por culpa de ellos se despierta angustiado, gritando y asegurando tener miedo. La ventaja de las pesadillas es que el niño es capaz de explicarlas: «Jorge me ha pegado», «El perro me muerde», «El lobo me quiere comer». Esto permite que sus padres puedan asegurarle, por ejemplo, que Jorge o el lobo no están y que «éste es tu cuarto y duermes con Pepito y tus cosas. Papá y mamá están cerca y no tienes por qué tener miedo», de forma que el niño se quede tranquilo.

Por regla general, los episodios duran unas semanas y están relacionados con algún fenómeno externo que ha causado inquietud en el pequeño. Si el niño está traumatizado por algo en concreto, se vuelven repetitivos. Por ejemplo, si lo obligáis a comer y cada comida se convierte en un drama, si se siente acosado de alguna manera... las pesadillas reflejan esa angustia. A medida que disminuye la ansiedad diurna, los episodios también decrecen en intensidad y frecuencia.

Si vuestro hijo tiene pesadillas, no hace falta que consultéis con un médico; basta con que le ayudéis a tranquilizarse: dándole seguridad, vuestro hijo se calmará y lo superará. Lo que no es aconsejable es que

---

* Si el niño duerme desde las 20.00 horas hasta las 8.00 del día siguiente, la primera mitad de la noche es la que se prolonga desde la hora de acostarse hasta las dos de la madrugada, y la segunda mitad, el tiempo restante.

> ## PESADILLAS
>
> ### *Ejemplo*
>
> - Paciente de 5 años
> - Bruscamente se despierta gritando y llama a su madre. Le explica que la habitación está llena de «bichos» y que se lo quieren comer. Se esconden debajo de la cama y tienen unos dientes muy largos
> - Ocurre normalmente en la madrugada con una frecuencia de 5-6 veces por semana. Es más evidente en períodos coincidentes con el inicio de la escuela

os llevéis al niño a vuestra cama, porque estropearíais su buen hábito del sueño.

TERRORES NOCTURNOS

Se producen en la primera mitad de la noche, es decir, asociados a un sueño muy profundo, y se caracterizan porque el niño se despierta bruscamente y empieza a gritar como si estuviera sufriendo de una forma sobrehumana. Cuando los padres acuden en su ayuda, lo que ven es a un niño pálido, con sudor frío, aterrorizado y que es incapaz de contactar con la realidad. Por mucho que le digan, el niño no les reconoce y los padres, si no saben qué son los terrores nocturnos, creen que poco menos se va a morir. Sin embargo, **no pasa nada**: el niño no reacciona, no es consciente de lo que ocurre, porque está profundamente dormido, y no hay más.

Este «horror» suele durar entre 2 y 10 minutos; si os ocurre, no intentéis despertar a vuestro hijo, porque es prácticamente imposible que lo logréis —está profundamente dormido— y, de conseguirlo, sólo empeoraríais las cosas. Al día siguiente, a diferencia de las pesadillas, no se acordará de nada.

¿Qué hacer? Quedaos junto a él para vigilar que no se caiga si se mueve, pero nada más. No tenéis más remedio que esperar a que se le pase intentando mantener la calma. Al igual que las pesadillas, los terrores nocturnos suelen aparecer alrededor de los 2-3 años y ceden espontáneamente al llegar a la adolescencia.

Una advertencia: si acudís y deja de llorar, no se trata de un terror nocturno, sino que está utilizando esa acción para lograr una reacción por vuestra parte. Hay que reeducar su hábito del sueño.

TERROR NOCTURNO

Ejemplo

- Paciente de 3 años y 2 meses
- Bruscamente se despierta gritando muy asustada, con mirada de angustia, sudoración fría, ligero temblor y llanto intenso
- Los padres viven la situación con gran angustia, porque no consiguen calmar a la niña. No les responde ni atiende a ningún estímulo que se le propone
- No pueden contactar con ella ya que no contacta con ellos
- Dura entre 2 y 10 minutos y al día siguiente no recuerda nada

BRUXISMO

El bruxismo, también conocido como *rechinar de dientes* se produce a causa de la tensión acumulada en la zona de la mandíbula que, durante el sueño, produce una descarga de ésta, provocando ese ruido que tanto preocupa a los padres. Sólo habréis de actuar si la contractura es tan importante que provoca daños en los dientes. Para evitarlo, debéis pedir a vuestro dentista que le haga una prótesis dentaria y colocársela a vuestro hijo cada noche. Si no es el caso, no hace falta que hagáis nada: a medida que crezca, el bruxismo desaparecerá.

SOMNILOQUIA

Puede que vuestro hijo grite, llore, ría o hable en sueños, preferentemente durante la madrugada. Lo habitual es que diga palabras sueltas, inteligibles o no, o frases muy cortas, que al día siguiente ni recordará. No hay que hacerle caso porque está durmiendo. ¿Posibles problemas? Que si comparte habitación con alguien, no le deje dormir, o que si grita, se despierte a sí mismo, aunque en este caso debería ser capaz de volver a conciliar el sueño solo.

MOVIMIENTOS DE AUTOMECIMIENTO

Los más frecuentes son los golpes de la cabeza sobre la almohada y el balanceo de todo el cuerpo estando el pequeño boca abajo. Al parecer se trata de una conducta aprendida para relajarse y conciliar el sueño. Este balanceo, que puede acompañarse de sonidos guturales, suele iniciarse hacia los 9 meses y raramente se prolonga más allá de los 2 años.

Los padres suelen asustarse por la espectacularidad de estos movimientos, que pueden provocar mucho ruido e incluso desplazar la cuna. Sin embargo, no han de preocuparse, salvo que el niño se haga daño. Si se lastima, hay que adoptar medidas para evitarlo. Por ejemplo, si golpea la cabecera de la cuna, «acolchársela» con almohadones, de forma que al golpearse no se haga daño. Si eso le basta, perfecto, pero si ya no logra tranquilizarse o decide darse en los barrotes, consultad con un psicólogo para descartar una posible psicopatología. Otra señal de alarma: que durante el día también se balancee constantemente.

RONQUIDOS

Aunque no se trata de una parasomnia, no queremos finalizar este capítulo sin unas palabras sobre el ronquido, ya que del 7 al 10 por ciento de los niños son roncadores habituales. Si es el caso de vuestro hijo, tened en cuenta que es conveniente que consultéis con un especialista si lo hace de forma persistente y, sobre todo, si notáis que durante el sueño respira con la boca abierta y con cierta dificultad.

8 PREGUNTAS Y RESPUESTAS

SOBRE CÓMO SOLVENTAR
LAS DUDAS MÁS COMUNES

¿Cuál es el momento ideal para reeducar su hábito del sueño?

¡**Y**a!, siempre y cuando **ambos padres estéis de acuerdo** en llevar a cabo el tratamiento, **entendáis muy bien** por qué estáis haciendo «cada cosa» y **tengáis muy claro cómo reaccionar en cada momento.** Si alguno de los dos no está totalmente convencido, es mejor no empezar, porque debéis estar muy tranquilos y seguros para hacerlo bien. Recordad que el niño capta lo que vosotros le transmitís y, si estáis nerviosos o ansiosos, eso es lo que percibirá y no logrará la tranquilidad y seguridad que necesita para aprender.

Es básico que escojáis una época que no coincida con traslados de domicilio ni salidas de fin de semana, al menos durante 10 días, para no cambiar el entorno del niño. También es importante que no haya influencias externas, por lo que si tenéis a un familiar o amigo pasando unos días con vosotros, posponed el tratamiento hasta que volváis a estar solos. No hay nada peor que aguantar comentarios del tipo: «¿Estáis seguros de lo que vais a hacer?» o «¡Pobrecito niño!, en nuestra época aguantábamos y ya está. Hoy en día la juventud no resiste nada.»

Un último consejo en relación con esos vecinos poco comprensivos que a la que oyen llorar al niño golpean la pared, amenazan con avisar a la policía o nos sueltan alguna que otra sandez: «Ya le oímos llorar, ya. ¿No lo estarán maltratando, verdad?» Para mantenerlos a raya, nada mejor que lo que hizo una mamá que se fue directamente a casa de la vecina más «pelma» y le dijo: «Perdone que la moleste, pero el pediatra me ha dicho que mi hijo tiene otitis y que el oído le duele mucho, por lo que quiero disculparme de antemano por si lo oyen llorar. ¡Es terrible!, si no se soluciona en los próximos días tendrán que operarle.» La madre inició el tratamiento esa misma noche y, a la mañana siguiente, se encontró a la vecina en el rellano: «Lo oímos llorar, pobrecillo, ¡cómo debe dolerle!» En menos de una semana, el niño ya dormía y a la vecina se le comunicó que la otitis de Pedrito había desaparecido milagrosamente.

¿Quién debe enseñarle: mamá, papá, la canguro...?

No importa, siempre y cuando haya leído las instrucciones y sepa cómo hacerlo. En realidad, tanto mamá, como papá y la canguro **deben saber cómo actuar** para que cualquiera de ellos pueda ocuparse de la reeducación de la criatura. Dicho de otro modo, si la canguro es quien pone al niño a dormir la siesta, es ella quien se encargará en ese momento de reeducarlo; si mamá es la que lo acuesta por la noche, será ella la maestra, y si papá aprovecha los fines de semana para estar más con el niño, entonces le tocará a él. En definitiva, **no importa quién lo haga, importa cómo se haga**.

De todos modos, si es posible elegir, es preferible que inicien el tratamiento los papás, sobre todo el más tranquilo de los dos. Ahora bien, como lo más probable es que tengáis que entrar muchas veces en su dormitorio para «enseñarle a dormir solo», os podéis turnar para que vea que ambos le enseñáis de la misma manera. Recordad, no importa quién le dé la papilla, si todos se la dais con cuchara o, lo que es lo mismo, no importa quién le enseñe a dormir, si todos lo hacéis de la misma forma.

¿Puede dormir en casa de los abuelos?

Los abuelos están hechos para mimar a sus nietos; los papás para educar a sus hijos. Esto significa que antes de pedirles que se queden con el niño una noche deberán haber pasado al menos 10 días desde que se inició el tratamiento y el niño ya debe estar durmiendo mejor, si es que no lo hace ya sin problemas.

Una advertencia: no pretendáis explicarles lo que nosotros os hemos expuesto aquí, ni intentéis que hagan lo mismo que hacéis vosotros en casa. De hecho, lo normal es que los abuelos no hagan casi nada de lo que les propongáis. Es lógico, ya sabéis: su papel es otro.

Bastará con que intentéis hacerles entender, **superficialmente**, las normas más básicas: horarios en que han de acostar al niño, que no han de hacer nada para dormirlo, que no olviden su muñeco ni los chupetes si los usa... Ellos harán lo que mejor les parezca, por lo que no os preocupéis ni os enfadéis.

El niño, como **es un ser inteligente**, se dará cuenta enseguida de que en casa de los abuelitos rigen normas distintas a las que imperan en la suya. No temáis, esto no tiene por qué hacer peligrar su reeducación, siempre y cuando al regresar a vuestro hogar retoméis «la lección» donde la habíais dejado y, con toda la tranquilidad del mundo, sigáis enseñándole tal y como estabais haciendo.

Sin embargo, si los abuelitos cuidan al niño **cada día** deberán seguir estrictamente las mismas instrucciones que vosotros, porque, ya lo sabéis, el niño no puede recibir distintas consignas durante su aprendizaje. Todos los que le enseñan a diario deben hacerlo de la misma forma (al igual que todas las personas que le dan la papilla se la dan con cuchara).

¿Qué hacemos si queremos irnos de fin de semana?

No hace falta que alquiléis un camión para llevaros a Pepito, el móvil, el póster, la cama, la cortina... Lo único verdaderamente importante es que no olvidéis su muñeco (Pepito), ni los chupetes si los usa, y que le **expliquéis que dormirá en un sitio distinto**.

Cuando lleguéis a vuestro destino, hablad con él, diciéndole siempre la verdad. Explicadle que dormirá en un sitio diferente al habitual, aprovechando los elementos externos que hay en la habitación: cama nueva, cortina, cuadros en la pared, lámparas...

En definitiva, se trata de adaptar lo que solemos decirle en casa a la nueva situación. Por ejemplo: «Éste es el sitio donde dormirás hoy, con Pepito, tus chupetes (si los usa) y con todas las cosas que hay a tu alrededor y que dormirán contigo.»

No intentéis mentirle o hacer ver que no pasa nada. Recordad, es un ser inteligente y se sentirá más seguro si vosotros le comunicáis seguridad, lo que sólo conseguiréis si le decís la verdad con toda la calma del mundo.

¿Qué hacemos si el niño vomita, hace pipí o caca cuando le estamos enseñando a dormir?

Es frecuente que un niño, en medio de su llanto y a fin de lograr una «reacción» de los adultos, vomite. Los niños saben (aprenden) a provocarse el vómito y, aunque no lo haya hecho nunca, puede que lo haga cuando le estéis enseñando a dormir. Por lo tanto, no os preocupéis.

Ya sabéis que estáis reeducando el hábito del sueño de vuestro hijo, **no castigándolo**. Por lo tanto, cuando vomite, acudid a su habitación y, aunque él grite desaforadamente, habladle con dulzura a fin de transmitirle tranquilidad: «Ves, amor mío, como estás tan enfadado, porque te estamos enseñando a dormir, ahora te has encontrado mal y has vomitado. Pero no pasa nada, los papás te quieren mucho y te cambian el pijama y las sábanas, y ahora que ya estás limpio tú duermes aquí con Pepito, el póster y el móvil.» Es decir, solucionamos la situación anómala —vómito—, pero no cambiamos la forma de enseñarle a dormir.

Ya sabéis que cuando vomita (acción), vuestro hijo espera conseguir una reacción: que lo cojáis en brazos, le deis un poquito de agua, lo acunéis y estéis con él hasta que se duerma. Sin embargo, vosotros no podéis hacer nada de lo que él espera: tenéis que cuidarlo (cambiarle la ropa), pero no debéis modificar vuestra manera de enseñarle a dormir. Y, como es muy listo, pronto aprenderá que su acción no sirve para nada y dejará de hacerla.

Podéis actuar de la misma forma si se hace caca o pipí. Si el niño se hace caca como forma de llamar la atención, habéis de actuar igual que si fuera un vómito. Si el niño os indica que se ha hecho pipí, no le hagáis caso inmediatamente. De forma que él no se dé cuenta, averiguad si es cierto y entonces, al cabo de unos minutos, le cambiáis los pañales, actuando igual que si se tratara de un vómito. ¿Por qué hay que esperar un poquito? Si le hacéis caso enseguida, encadenará un pipí tras otro, para teneros constantemente a su vera. Si os lo tomáis con calma, percibirá que no puede controlaros y acabará por desistir de usar su orina como forma de haceros reaccionar.

Si está enfermo, ¿podemos empezar el tratamiento? ¿Qué ocurre si se pone malo en pleno proceso de reeducación?

Es preferible que no iniciéis el tratamiento si está enfermo. En estos casos, es mejor esperar a que esté recuperado y entonces iniciar el proceso de reeducación de su sueño.

Si se pone enfermo durante el tratamiento, habréis de actuar de forma algo distinta. Lo más probable es que tenga fiebre; entonces cada vez que llore deberéis acudir a su lado, ponerle el termómetro y darle la medicación que le corresponda. Si colocáis la punta de vuestro dedo en la boca del niño y os dais cuenta de que está seca, dadle un poco de agua. Pero, ¡ojo!, agua porque tiene fiebre, no para que duerma.

Una vez hayáis hecho todo lo posible para mejorar el malestar que le provoca la enfermedad, lo dejaréis con «Pepito, el póster, los chupetes y el móvil» y os iréis. Esto no impide que, si el niño está muy excitado, paséis 1 o 2 minutos a su lado hablándole suavemente. Eso sí, evitando que se quede dormido mientras estáis dentro de su habitación.

Cuando vuelva a llorar **no esperéis** a que pasen los minutos que indica la tabla de tiempos, simplemente acudid a su lado y repetid la operación: controlar la fiebre, darle medicación si la precisa o paños húmedos para bajar la calentura, es decir, hacer todo lo que podáis para aliviar su malestar; lo dejaréis con «Pepito, el póster, los chupetes y el móvil» y os iréis.

Enseguida que se encuentre bien habréis de volver

a la «enseñanza tradicional». Este momento puede resultar peligroso si los padres habéis sido muy condescendientes. Vuestro hijo no querrá perder las prerrogativas de las que gozaba durante su enfermedad, por lo que probará todo tipo de artimañas (realizará acciones) para conseguir recuperar el trato de favor que le dispensabais. ¿Qué hacer? Bien sencillo: mostraos nuevamente estrictos, suaves pero contundentes, y repetid las enseñanzas que os hemos explicado.

Mi hijo va a la guardería, ¿he de darles instrucciones especiales?

Es habitual que los niños duerman bien en la guardería, porque allí llevan unos horarios bien organizados —comen a las 12 del mediodía, meriendan a las cuatro de la tarde— y les enseñan a hacer la siesta siempre a la misma hora y con unas condiciones externas que siempre son iguales. Los responsables de las guarderías no pueden tener una conducta distinta con cada niño y en consecuencia suelen emplear unos hábitos correctos que el niño aprende rápidamente.

Lo interesante es que muchas mamás confiesan, con un agobiante sentimiento de culpabilidad, que su hijo duerme fatal y se despierta cuatro o cinco veces por noche y que, sin embargo, en la guardería no tiene problemas. «Hablé con su señorita —explican—, esperando que me dijera que la hora de la siesta era un drama y me contestó: "¡Qué va! Duerme tan bien como los demás niños. Lo ponemos en una colchoneta y ni las toses ni los ruidos de sus compañeros le impiden quedarse 'roque'." Y yo me pregunto: si es así, ¿por qué en casa me monta esas juergas de aquí te espero?»

¿Conclusión? Olvidaos de la guardería, lo importante es que en casa hagáis bien las cosas, es decir, enseñéis al niño a dormir correctamente. Dejar que en su «cole» vuestro hijo haga lo que hacen los restantes niños sin interferir en los hábitos que tengan allí.

¿Por qué unos niños padecen insomnio y otros no? ¿Hay causas hereditarias?

A partir de los primeros 2-3 meses de vida y gracias a un grupo de células situadas en el cerebro, el lactante empieza a presentar períodos nocturnos de sueño cada vez más largos. Lo que ocurre es que estas células actúan como si fueran un «reloj» que va poniendo en hora las distintas necesidades del bebé —dormir, estar despierto, comer...— hasta adaptarse a un ritmo biológico de 24 horas (véase capítulo 2).

Hay niños cuyo «reloj» se pone en funcionamiento con suma rapidez. En cambio, hay otros cuyo «reloj» es, digámoslo así, algo «gandul». Estos pequeños necesitan que se les intensifiquen las enseñanzas (rutinas y hábitos del sueño) para que el «reloj» empiece a funcionar e influya correctamente en la organización del ritmo biológico de vigilia y sueño. Por esta razón, en una misma familia puede haber niños que duermen sin problemas y otros que padecen insomnio.

La razón por la cual algunos niños (aproximadamente el 35 por ciento de la población) tienen un «reloj gandul» es desconocida. Se postula que pueda ser una cuestión hereditaria, aunque no existen todavía estudios científicos que corroboren esta hipótesis.

Ya sabemos que no es bueno darle bebidas con cafeína, pero ¿hay algún alimento desaconsejable?

Todas las sustancias que sean de tipo estimulante pueden influir en el sueño. La cafeína que se encuentra en el café y en los refrescos de cola puede dificultar el inicio del sueño. También el cacao —lo encontramos en el chocolate y las bebidas que lo contienen— puede entorpecer el sueño si se toma de forma exagerada. Por ello, estos productos son desaconsejables durante la cena o después de ésta.

Está comprobado que algunos alimentos tienen propiedades excitantes, y otros, sedantes. Así, por ejemplo, las proteínas (carnes) son estimulantes, y los hidratos de carbono (papillas, pasta) favorecen más el sueño. Por esto, los niños suelen tomar las proteínas al mediodía y los hidratos de carbono por la noche.

Se aconseja el baño antes de la cena, ¿qué ocurre si lo hago al revés o lo baño por la mañana?

El hábito higiénico, del cual el baño forma parte, se aprende como los demás hábitos: relacionando objetos externos (agua, bañera, esponja, toalla...) con una situación concreta (higiene). Da igual el momento del día en que se realice el hábito, lo importante es hacerlo siempre en el mismo orden, para que el niño pueda relacionarlo con lo que vendrá después. El orden puede ser baño, cena y sueño, o bien, si se realiza por la mañana, baño, desayuno, paseo, etc. Lo primordial es **no ser anárquicos** y procurar que siempre (o casi siempre) se realice cada cosa a la misma hora y en las mismas condiciones.

¿Es malo dejarles ver un poco de televisión antes de dormir?

Ver la televisión no es malo, al igual que no lo es oír la radio o escuchar música. **Lo malo es hacerlo de forma descontrolada y constante**. El niño puede ver la televisión durante un período de tiempo bien delimitado, por ejemplo media hora y, si es posible, acompañado de un adulto que le explique —mejor— lo que está viendo.

El momento más aconsejable es entre las seis y las siete de la tarde, es decir, antes de iniciar las rutinas de baño, cena y sueño. No es bueno que la mire después de cenar y antes de acostarse, porque lo que vea puede excitarle y porque, si le entra el sueño y se duerme delante del televisor ya lo estaremos haciendo mal.

Nuestro hijo asegura que si le apagamos la luz tiene miedo

Esto implica que ya hace tiempo que estáis enseñándole incorrectamente el hábito del sueño, porque significa que le habéis estado dejando la luz encendida para que se durmiera. Es lógico, pues, que el niño asocie la luz a su sueño y, si se despierta por la noche y está apagada, la encuentre a faltar y llore hasta verla nuevamente encendida.

Para conseguir que no apaguen la luz, el niño que ya puede expresarse justifica su necesidad de tenerla encendida diciendo que tiene miedo: sabe que ésta es la palabra clave para conseguir que sus padres tengan una «reacción» favorable a sus deseos.

La manera más eficaz de combatir esta situación consiste en:

A. Asegurarnos de que el niño no sufre un problema psicológico grave que le produzca miedo. Esto es fácil de averiguar: el niño que padece un problema de este tipo tiene miedo **a cualquier hora del día y no sólo por la noche cuando hay que irse a dormir.** Esto significa que expresa ese temor en muchas situaciones cotidianas: tiene miedo a ir solo al lavabo, a ver la televisión sin alguien a su lado, a acompañar a mamá al súper, etcétera. Este tipo de miedo patológico es muy raro y lo más probable es que el niño esté manipulando la situación.

B. Una vez seguros de que no padece un problema psicológico, hemos de proceder como explicamos en el capítulo 4, sobre cómo reeducar el hábito del sueño.

Mi hijo empezó a dormir mal cuando le ingresamos en un hospital. Ya está en casa, pero sigue padeciendo insomnio

No es de extrañar. En el hospital sufrió un ambiente claramente hostil: lo pinchaban, le ponían el termómetro, seguramente sentía dolor, le daban medicinas... Es evidente que un niño no vive todo esto como algo que los médicos y las enfermeras hacen por su bien, sino que lo percibe como una actitud agresiva hacia él. Por lo tanto, es probable que un niño que está ingresado empiece a dormir mal si dormía bien o que duerma peor si ya dormía mal.

Por otra parte, una vez dado de alta, quedan las secuelas. En el hospital el niño ha estado durmiendo en una habitación que no era la suya y, sobre todo, ha tenido a mamá o papá constantemente a su lado. Él no comprende que sus padres siempre estaban allí porque estaba enfermo y, por lo tanto, cree que esta situación debe perdurar al regresar a casa.

¿Qué hacer? Lamentablemente, hay poco que hacer durante la estancia en el hospital, sólo podemos **pasarla lo mejor que podamos**. Sin embargo, una vez en casa, hay que volverle a enseñar a dormir, tal como explicamos en el capítulo 4 «Volver a empezar».

¿Qué factores pueden provocar insomnio?

Es posible que los cambios en las rutinas y hábitos produzcan retrocesos o empeoramientos en el proceso de aprendizaje de dormir correctamente.

La llegada de un hermanito, por ejemplo, afecta radicalmente la vida de un niño, que nota que ya no es el «rey de la casa». La asistencia por primera vez a la guardería también trastoca su mundo, porque comprueba que allí hay muchos otros críos y que ya no es el centro de atención. Todas estas situaciones serán normales al cabo de pocos días —lo que tarde en asumirlas— y no tienen por qué influir en su sueño, **sobre todo si los padres no dejan que así sea.**

¿Qué quiere decir esto? La llegada de un hermanito no implica que enseñemos a nuestro hijo a dormir de forma diferente: no vamos a empezar a dormir a su lado, acunarlo hasta que concilie el sueño o cualquiera de esas cosas que sabemos erróneas. El nacimiento de un hermanito no implica que enseñemos a nuestro hijo a comer de forma distinta: no se nos ocurre darle la sopa con una cañita y hacerle beber la leche de un florero... pues, ya sabéis, lo mismo vale para el sueño.

Ante cualquier situación nueva es importante seguir con las mismas rutinas de enseñanza, hablando con el niño de lo que está sucediendo —siempre tranquilos, siempre seguros— para hacerle ver que el hermanito o la guardería, por ejemplo, no son razones para cambiar sus hábitos de sueño.

El cambio de domicilio tampoco ha de convertirse en un problema. Debemos hablarle de lo que va a suceder y explicarle que tendrá una habitación nueva, que procuraréis decorar juntos con pósters, dibujos, muñecos... Es decir, le diremos la verdad y le haremos partícipe del cambio. El niño debe aceptar con ilusión su nuevo hogar y vivirlo con la misma normalidad que lo hacen sus padres.

De todos modos, si estas situaciones han ocasionado algún problema, deberéis proceder a reeducar su hábito del sueño como explicamos en el capítulo 4.

Mi hijo duerme el período más largo de sueño durante el día, ¿cómo podemos cambiarlo?

Si el período de sueño más largo lo hace durante el día, indica que tiene un ritmo de vigilia-sueño todavía desorganizado. Entonces, debemos actuar como indicamos en el capítulo 6, en el que nos ocupamos de las cuestiones horarias, para enseñarle a dormir correctamente.

Cada noche, a eso de las cuatro de la madrugada, mi hijo de 14 meses se despierta y pide biberón o agua. En ocasiones no toma casi nada, en otras lo apura y se vuelve a dormir, ¿esta conducta es normal?

Es muy frecuente que los niños se tomen un biberón o beban agua durante la noche, pero esto no significa que realmente tengan hambre o sed. Siendo lactantes, muchas criaturas aprenden que si lloran les «enchufan» un biberón para que se duerman. La mayoría de las veces, lo que realmente piden es la presencia de sus papás, porque necesitan su calor, pero como no saben hablar para explicárselo, beben un poco —así los mantienen a su lado— y después se duermen. Cuando se vuelven a despertar para reclamar compañía, mamá o papá le vuelven a dar biberón y el niño bebe de nuevo, por lo que interpretan que cada vez que llora es que tiene hambre o sed.

En cuanto han crecido un poco, estos niños, que, insistimos, no tienen un pelo de tontos, se conocen el «truco» y lo utilizan para que sus padres sigan acudiendo a su lado cada noche. Es decir, el agua/biberón ya se ha convertido en una rutina asociada al sueño y emplean el llanto o la declaración de tener sed o hambre como una acción para conseguir una reacción de sus padres. En conclusión, **que se tome el biberón no quiere decir que tenga hambre o sed**.

A los niños se les debe dar agua durante el día, pero desde el momento en que han terminado su cena, no debe ofrecérseles más. **Un niño que bebe agua abundante durante el día no tiene sed por la noche**. Si se despierta y pide agua, en realidad está indicando que tiene un mal aprendizaje del hábito del sueño y debemos proceder entonces como explicamos en el capítulo 4. Lo mismo vale para el hambre: si come bien durante el día y su curva de peso es la adecuada, a partir de los 6 o 7 meses no debería necesitar alimentarse a mitad de la noche.

Las únicas excepciones a esta regla derivan de situaciones especiales, por ejemplo, cuando tiene fiebre.

Entonces, le podremos dar unas cucharaditas o sorbitos de agua «azucarada» (para combatir la posible «acetona»), igual que le damos las gotas para la fiebre o el antibiótico para sus mocos. En definitiva: agua como tratamiento de su enfermedad, no **agua para que se duerma**.

Mi hijo se va a dormir pasadas las once de la noche, porque mi marido suele llegar a esa hora y quiere ver al pequeño. ¿Hacemos mal? Si lo mantenemos despierto hasta tan tarde, ¿dormirá mejor?

Esta situación es bastante habitual y, hasta cierto punto, comprensible, ya que los padres desean ver a sus hijos. Sin embargo, si sois sinceros, reconoceréis que disfrutar del niño sin tener en cuenta sus necesidades biológicas es una actitud algo egoísta. Lo recomendable, pues, es que respetéis los horarios propuestos (de 20.00 a 20.30 en invierno y de 20.30 a 21.00 en verano) en aras de su educación y cuidado.

Por el mismo motivo, es desaconsejable alargar de forma exagerada la siesta de después de comer u obligarle a hacerla a última hora de la tarde para luego poder mantenerlo despierto más tiempo por la noche. Lo único que conseguiremos es alterar todavía más sus hábitos y ritmos de sueño.

Ya sabéis que el momento ideal para acostarlo es entre las 20 y las 21 horas, porque el cerebro tiene más facilidad para «entrar» en sueño en ese momento. No es verdad que si lo acostáis más tarde se dormirá antes (por el contrario, se le habrá pasado la hora). Los papás que han intentado este «truco» lo saben de sobra.

No debéis, pues, ser egoístas. Pensad que, sobre todo entre los 5 y los 7 meses, estáis ayudando a vuestro hijo a adquirir unos hábitos correctos de sueño y que, de no ser así, repercutirá en su salud física y mental.

¿Cómo sé que no llora a causa de un cólico?

En primer lugar, debéis saber que los cólicos desaparecen entre el cuarto y el quinto mes. Si es más pequeño, tened en cuenta que es muy difícil calmar a un niño cuando llora por culpa de un cólico. Por lo tanto, si su llanto cede rápidamente —entre 2 y 3 minutos— cuando lo atendéis, es que no existe tal cólico. Se trata simplemente de una conducta aprendida para reclamar nuestra atención.

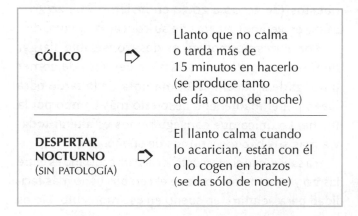

CÓLICO	⇨	Llanto que no calma o tarda más de 15 minutos en hacerlo (se produce tanto de día como de noche)
DESPERTAR NOCTURNO (SIN PATOLOGÍA)	⇨	El llanto calma cuando lo acarician, están con él o lo cogen en brazos (se da sólo de noche)

Una pista más: los cólicos suelen empezar por la tarde o durante las primeras horas del día y pueden durar varias horas. **Los cólicos no se producen sólo por la noche**, no existe tal cosa.

Hemos de insistir en que no debéis caer en la tentación de «hacer algo» siempre que el niño llore. Si caéis en esta trampa, el niño aprenderá que cada vez que llora alguien va corriendo a atenderlo, lo que será nefasto para su aprendizaje y puede perjudicar su sueño.

A mi hijo le están saliendo los dientes y duerme muy mal

Éste es uno de los argumentos más típicos para justificar el mal dormir de los niños. La mayoría de nosotros cree que los dientes duelen cuando salen, pero hasta la fecha nadie ha podido demostrarlo desde el punto de vista científico. Por lo tanto, no podemos asegurar que el período de dentición produzca dolor y que este «sufrimiento» altere el sueño del niño.

Si a vuestro hijo le están saliendo los dientes y se despierta por las noches reclamando vuestra presencia, lo más probable es que también lo hiciera antes de que empezara el período de dentición. Esto significa que no se está despertando a causa del dolor, sino porque tiene unos malos hábitos del sueño. Se impone reeducarlo.

¿Son aconsejables los medicamentos que se utilizan para «hacer dormir a los niños»?

Los padres, a pesar de ser reacios a suministrar medicamentos a sus hijos, los utilizan como último recurso ante la insostenible situación creada por las dificultades de sus hijos para iniciar el sueño y, sobre todo, por sus frecuentes despertares nocturnos. Sin embargo, la experiencia ha demostrado que en **ningún caso** los medicamentos inductores del sueño **han solucionado el problema**.

No existen estudios sobre la posible toxicidad de los fármacos que se administran a los niños, pero, considerando los grupos farmacológicos a los que pertenecen, podemos pensar que no son precisamente inocuos. Como llamada de atención baste decir que en algunos prospectos comerciales se indica expresamente que en los niños debe utilizarse «con precauciones».

El insomnio infantil por hábitos incorrectos no es una enfermedad, por lo tanto no es lógico tratarlo con medicamentos. Dicho de otro modo, como se trata de un mal aprendizaje del hábito de dormir, lo lógico es reeducar las rutinas y enseñar las normas correctas.

¿Un prematuro tendrá problemas de sueño?

En principio, no tiene por qué tener más o menos problemas que un niño que haya nacido a término, porque los estímulos que ponen en hora su reloj biológico son los mismos: luz-oscuridad, ruido-silencio, horarios de comidas y hábitos del sueño.

Hemos tenido gemelos, ¿pueden dormir juntos?

No hay ningún inconveniente siempre y cuando empleéis las normas adecuadas para enseñarles a dormir. Podéis enseñarles a los dos a la vez, usando la misma técnica, siempre a partir de los 6 meses.

Si lo que tratáis es de corregir el mal hábito de unos niños que **ya** duermen juntos, lo mejor es separarlos para enseñarles a cada uno por sí solo, ya que su respuesta puede ser distinta. Una vez que duerman bien pueden volver a dormir juntos.

Si no hay posibilidad de separarlos, como mal menor, intentaremos aplicar la técnica a los dos a la vez.

Mi hijo de 2 años no quiere dormir la siesta. ¿Existe algún caso en el que sea mejor evitar que la haga?

A la hora de la siesta se ha de aplicar la misma técnica que utilizamos para reeducar el hábito del sueño. Ya sabemos que sea desayuno, comida o cena, la papilla se da con cuchara. Lo mismo vale para el sueño: sea nocturno o el de la siesta hay que enseñarle de la misma manera.

Alrededor de los 3 años, y en muchos casos forzados por sus obligaciones escolares, los niños dejan de hacer la siesta después de comer. Esto puede repercutir en su sueño nocturno, ya que los niños llegan con más sueño a casa y cuando «cogen la cama» duermen mucho más profundamente —en fase de sueño profundo— con lo que pueden aumentar los episodios de sonambulismo y terrores nocturnos.

Es útil recomendar alargar el máximo de tiempo posible la siesta del mediodía: hasta los 4 años, por lo menos.

APÉNDICES

CUANDO CUESTA UN POCO MÁS

SOBRE CÓMO AFRONTAR
LOS CASOS MÁS DIFÍCILES

Desde que salió a la calle la primera edición de este libro, en marzo de 1996, hemos recibo numerosas cartas de padres muy agradecidos por poder, ¡por fin!, dormir «a pierna suelta», según expresión que utilizan muchos. Algunas son de lo más *simpáticas*, como una en que tan sólo se lee «¡Gracias!», pero, eso sí, tan grande que basta para llenar un folio ¡de tamaño Din A-3! Otras, la mayoría, son enternecedoras, como la de una abuela que le regaló el libro a su hijo «por temor a que mi nuera le abandonara. Ella estaba agotada porque mi nieto de año y medio se despertaba cada noche un montón de veces. Un día, tras ver al doctor en la tele, decidí comprarlo. Se lo di a Juan y le dije: "O haces algo o tu mujer te planta." Y no vean cómo se espabiló. Se lo aprendió de memoria y se lo hizo leer a Alicia. A los pocos días el crío ya dormía. Y ni que decir tiene que están otra vez de buenas». En fin, hasta ahora *Duérmete, niño* ha supuesto una riada de inmensa *satisfacción* para los autores, ¡para qué negarlo!

Sin embargo, también hemos recibido algunas cartas —la verdad es que pocas— de padres que nos han hablado de ciertas dificultades para conseguir reeducar el hábito del sueño de su hijo. Por esta razón, a fin de profundizar en los motivos que pueden dificultar el éxito del método, nos hemos puesto en contacto con algunos de ellos y hemos revisado todos los historiales de los pacientes infantiles tratados en nuestra consulta durante un período de siete años; en total, 823 niños de edades comprendidas entre los seis meses y cinco años.

Esto es lo que hemos averiguado:

— En el *96 por ciento* de los casos los resultados fueron satisfactorios.
— En el *4 por ciento* restante observamos ciertas *dificultades para acabar de solucionar el problema*. En algunas ocasiones se trataba de niños que nunca habían conseguido dormirse solos y, en otras, habían recaído tras lograrlo al principio.

Los problemas que hemos detectado son de dos tipos: reales y falsos. Los analizamos a continuación.

PROBLEMAS REALES

Son los siguientes:

— Falta de comprensión del método.
— Sólo uno de los padres ha leído el libro.
— Distintas personas cuidan del niño.
— Una tercera persona que vive en la casa interfiere en la aplicación del método.
— El pequeño enferma durante su aplicación.
— Se produce un acontecimiento que trastoca la vida del niño: separación de los padres, nacimiento de un hermanito, primer día de clase, mudanza...

— Alguno de los padres sufre de ansiedad patológica.
— La familia se desplaza a otro lugar los fines de semana.
— Se produce un importante cambio de horarios a causa de un viaje.

Pasamos a explicar lo que hay que hacer en cada caso:

Falta de comprensión del método

Como es natural, hemos intentado escribir este libro de la forma más sencilla y amena posible a fin de captar vuestra atención y lograr que entendieseis perfectamente el método para solucionar los problemas de sueño de vuestro hijo. Sin embargo, a veces no lo hemos logrado, porque algunos papás, con demasiada prisa por resolver el problema, no se lo han leído de cabo a rabo, sino «sólo lo que creíamos que era importante», y, ¡claro!, en el momento de aplicar el método han flaqueado.

Es vital que *los dos padres lean el libro por separado* antes de empezar «el tratamiento». No una vez, sino incluso dos si hace falta, al menos en lo que se refiere a los capítulos 2 («No le durmáis vosotros, ha de lograrlo solo») y 4 («Volver a empezar») cuando se trate de reeducar el hábito del sueño de su hijo. Si no dominan el método, tarde o temprano su inseguridad aflojará y, como el niño no tiene un pelo de tonto, logrará salirse con la suya.

¿Es mucho pedir que le dediquéis un par de horas a un libro que va a solucionar una alteración tan seria como la que nos ocupa? Debéis saber que antes de que *Duérmete, niño* fuera definitivamente a imprenta lo pusimos a prueba: entregamos copias a varias parejas para comprobar que realmente era fácil de comprender y, sobre todo, que se podía leer rápidamente (somos conscientes de las ganas que tenéis de zanjar el problema). Dos horas fue lo que por término medio tuvieron que dedicarle y todos lograron reeducar el hábito del sueño de su hijo. ¿Por qué no lo vais a lograr vosotros? Un consejo, pues: releer el libro, esta vez a conciencia, y volver a empezar.

Sólo uno de los padres ha leído el libro

En este caso, por los motivos que sea —normalmente alegan falta de tiempo—, uno de los progenitores —habitualmente él— no lee el libro y se deja guiar por lo que le explica su pareja. Se trata de un problema parecido al anterior, pero, a nuestro modo de ver, más grave, porque implica que sólo uno cargue con la responsabilidad de la educación del hijo.

Es posible, por ejemplo, que de lunes a viernes papá suela llegar tarde a casa y nunca tenga ocasión de meter al niño en la cuna/cama. Sin embargo, ¿qué ocurre los días festivos? Es probable que entonces sí desee o deba echar una mano, pero si no domina el método puede echar por tierra los logros de mamá. De ahí que sea básico que él también sepa con exactitud cómo ha de actuar: no bastan las explicaciones de su mujer, debe leerse el libro para entender la técnica también como ella.

Además, *la complicidad es fundamental* para afrontar esos momentos en que, como acostumbra suceder, surjan las dudas o se flaquee. Ya sabéis que el niño es muy listo y que puede inventárselas de mil colores para lograr que cejéis en vuestro empeño de enseñarle a dormir solo. Ver llorar a un hijo desconsoladamente es descorazonador, y es normal sentirse tentado a ceder. Es entonces cuando más importa que ambos estéis convencidos de estar haciendo lo correcto. Si sólo uno sabe cómo ha de actuar, cuando dude, ¿en quién se apoyará?

En definitiva, *es básico que ambos sepáis aplicar el método*. Esto no quiere decir que lo hagáis las mismas veces («un día tú, el siguiente yo») o que debáis enseñárselo juntos, ni mucho menos. Simplemente, significa que lo hagáis igual. ¿Acaso no sabéis darle de comer de la misma forma?

Distintas personas cuidan del niño

Cuando se trata de un bebé cuyos dos padres trabajan, lo habitual es que quien lo cuide —sea la abuela, otro familiar o alguien contratado para realizar esta labor— deba acostarlo por las noches o, por lo menos, a la hora de la siesta. En cualquier caso han de actuar exactamente igual que lo harían los papás, es decir, seguir la técnica al pie de la letra, porque cualquier variación impediría su éxito.

Si cuando le alimentáis, todos hacéis lo mismo —sentarle en su silla, ponerle el babero y darle la papilla con una cuchara—, es lógico que también sigáis las mismas pautas a la hora de acostarle. En conclusión, *no importa quién enseñe al pequeño, lo importante es que todos lo hagáis de la misma forma.* Esto significa que todos leáis el libro o que, en su defecto, le expliquéis a quien se encargue de acostarlo cómo ha de actuar.

Una tercera persona que vive en la casa interfiere en la aplicación del método

Cuando explicamos el método en consulta o cuando leen el libro, ambos padres entienden perfectamente qué está pasando con su hijo y cuáles son las normas que han de aplicar para que aprenda a dormir bien. Pero si en su casa vive una tercera persona —normalmente una abuela o abuelo— y no hace lo mismo, puede interferir en su aplicación, sea porque desconoce cómo funciona, sea porque cuestione la validez de lo que se está aplicando.

Por ejemplo, es bastante típico que la abuela, tras escuchar de boca de su hija la técnica para reeducar el hábito del sueño infantil, suelte algo parecido a: «¿Para eso has ido a ver al doctor/leído este libro? Eso no son más que tonterías, lo que pasa es que ahora no tenéis paciencia, en mis tiempos sí que sabíamos cuidar de los niños...»

En vez de acabar discutiendo, hemos de intentar «ponernos en sus zapatos» y entenderla, porque la mujer pertenece a una generación que no se preocupaba tanto de las cuestiones de aprendizaje ni sabía de la existencia de los ritmos biológicos. En fin, lo más probable es que desconozca todo lo relacionado con el tema y no entienda el porqué de la rigidez de horarios, los tiempos de espera antes de entrar en la habitación, etcétera. De ahí que interfiera o, por lo menos, opine.

Si los padres de la criatura, por los motivos que sea, tampoco están muy seguros de cómo han de actuar, es posible que se dejen influenciar o acaben cediendo ante los ruegos de la abuela: «Por una vez que le cojáis no pasará nada.» Gran error, una simple concesión y ¡adiós a los buenos resultados del método! Si el pequeño se da cuenta de que gritando un poco más ella toma cartas en el asunto y sale en su defensa, ¿qué hará?: berrear hasta dejarse los pulmones. Y a la que la abuelita o vosotros le cojáis, ¡no habrá forma de enseñarle!

Por lo tanto, es fundamental que cuando viva una tercera persona en casa —incluidos los hermanos mayores y personal de servicio, si lo hay—, se les explique que bajo ningún concepto deben interferir en la reeducación del hábito de sueño del pequeño. Dicho de otro modo: la abuela podrá seguir haciendo lo de siempre —sea bañar al niño, darle la cena, jugar...—, pero en el momento de meterlo en cama y aplicar el método, tendrá que hacerse a un lado y dejar que papá y mamá se encarguen del tema.

En caso de que no haya más remedio que dejar al niño a cargo de esta tercera persona —intentar evitarlo a toda costa—, ésta deberá *comprometerse* a respetar vuestros criterios. Tened en cuenta que si actúa como le venga en gana, vuestros esfuerzos habrán caído en saco roto.

En definitiva: *no permitáis las interferencias de los demás*, por muy buenas que sean sus intenciones.

El pequeño enferma durante su aplicación

A veces ha sucedido que a poco de iniciarse el tratamiento el niño se ha puesto enfermo, incluso se han dado casos en los que ha sido necesaria la hospitalización. ¡Evidentemente, por causas ajenas al método! Está claro que la situación cambia sustancialmente (sobre todo si el niño ha tenido que ser ingresado): es más importante curarle que enseñarle a dormir.

Es lógico que durante la enfermedad se interrumpa su reeducación, pero en el momento en que el niño se encuentre bien y le den el alta, habréis de volver a aplicar el método desde el principio. ¿Por qué empezar de cero? Porque aunque esté enfermo, sigue siendo muy inteligente —no nos cansaremos de repetirlo— y se da cuenta de que las atenciones hacia él se han redoblado. Lo que él no puede comprender es que lo miman más porque está enfermo. A su modo de ver, sus padres (o cuidadores) actúan así en respuesta a sus acciones (si queréis podéis releer, en la página 67, cómo funciona el principio de acción-reacción). Es decir, no entiende que si su mamá acude a atenderle cuando llora, no lo está haciendo en respuesta a su llanto, sino porque sabe que el pequeño lo está pasando mal a causa de la fiebre, la incomodidad o el dolor. Entonces,

¿qué hará el niño cuando sus papás vuelvan a iniciar el proceso de reeducación? Llorar como un condenado a la espera de que mamá, también ahora, vaya a confortarle. Sin embargo, *esta vez no irá*.

Se produce un acontecimiento que trastoca más o menos la vida del niño

Ciertas situaciones pueden dificultar enormemente la aplicación del método. Algunas son realmente graves, léase una separación; otras no tanto, como el primer día de clase.

La *ruptura de una relación* es un hecho traumático, que no sólo afecta a la pareja sino que repercute grandemente en los niños. Independientemente de la edad que tengan, éstos se dan cuenta de todo lo que sucede alrededor. Aunque en algún momento pueda parecernos que algo no les afecta o que no se enteran, por desgracia, no suele ser así.

En estas circunstancias es muy *difícil* que el método dé resultado, pues el pequeño aprovechará lo que está sucediendo para hacerlo fracasar. Por ejemplo, teniendo en cuenta que los padres que se separan suelen sentirse muy culpables por el daño que infligen a sus hijos, si éstos se ponen a llorar, ¿qué harán? Es probable que su sentimiento de culpa les impida aguantar los tiempos de espera y, casi seguro, acabarán cediendo frente al pequeño.

El nacimiento de un hermanito también es un factor capaz de alterar el hábito del sueño de un niño. No es raro que un pequeño que dormía bien o que ya había sido reeducado en un buen hábito del sueño, deje de hacerlo al darse cuenta de que ya no es el centro de atención de sus padres. Es de esperar que el «príncipe destronado» se rebele y una de las formas más utilizadas consiste en romper sus (buenos) hábitos —negándose a comer, haciéndose pipí encima, convirtiendo la hora de dormir en un drama...—, porque, como no es tonto, sabe que esto molestará profundamente a sus padres, lo que provocará que le hagan más caso (aunque sea para reñirle).

¿Qué hay que hacer en estos casos? Muy sencillo: volver a reiniciar la enseñanza del hábito, haciendo caso omiso de todas las acciones que el niño haga. Eso sí, es vital ayudarle a asumir la llegada del hermanito. Para ello, durante el día hay que hacerle mucho caso y lograr que se sienta muy querido e importante dentro de la unidad familiar. Sin embargo, en el momento de acostarle hay que ser tajante en la aplicación del método y tratarlo, independientemente de la edad que tenga, como si hubiera nacido ese mismo día.

Hay otros acontecimientos menos importantes que también pueden dificultar el éxito de la técnica: *el primer día de escuela, un cambio de casa, la visita de un familiar*... De hecho, el niño siempre utilizará cualquier situación «extraña» para *intentar truncar* el proceso de reeducación de su hábito del sueño. En estos casos, como siempre, habréis de manteneros firmes. Tomemos como ejemplo su primer día de colegio. Además de haberle preparado de antemano para afrontarlo, cuando llegue a casa es aconsejable que le hagáis mucho caso, que juguéis con él, incluso podéis tener un detallito... pero jamás variéis el ritual previo a la hora de dormir ni cedáis si intenta sabotear vuestros intentos de reeducarle. ¿Se os ocurriría darle la sopa con una pajita porque ha ido al cole por primera vez?

Alguno de los padres sufre de ansiedad patológica

Hemos podido comprobar que a veces la imposibilidad de aplicar esta técnica no tenía que ver con el niño, sino que se debía a la ansiedad patológica de uno o ambos padres. ¿Qué quiere decir esto? Las personas que padecen un trastorno de ansiedad generalizada se caracterizan por ser muy inseguras y vivir en un estado de constante angustia, lo que normalmente hace necesario que se mediquen. Esto repercute en cualquier área de su vida, es decir, no sólo afecta a la enseñanza del hábito de dormir de su hijo, sino que salpica todo lo relacionado con él —comer, hábitos higiénicos, etcétera—, y, por descontado, las relaciones de pareja. Ante este cuadro, es mejor no intentar reeducar el hábito del sueño del pequeño, porque sin duda resultará un fracaso. Es imposible que el método funcione si uno de los progenitores (o ambos) se sienten constantemente angustiados e inseguros de poder aplicarlo. En definitiva, el problema no es del niño, sino del padre que se ve dominado por la ansiedad.

La familia se desplaza a otro lugar los fines de semana

Ya hemos explicado que, como mínimo, durante los primeros diez días de «tratamiento» no es aconsejable que el niño duerma en otro lugar que no sea su propio dormitorio. Sin embargo, si no hay más remedio que trasladarlo, los cambios deberán ser los menos posibles. Esto significa *respetar estrictamente sus horarios* —no porque sea fin de semana permitiremos que se vaya a dormir más tarde—, y llevarle el *móvil*, el *póster*, los *chupetes* y, sobre todo, a *Pepito*. En definitiva, el lugar donde duerme el niño debe parecer lo más posible a su dormitorio.

Se produce un importante cambio de horarios a causa de un viaje

Los viajes largos pueden alterar al niño tanto como a los mayores a causa del *jet lag*. En estos casos, es indispensable esperar un mínimo de diez días —que, seamos sinceros, no resultarán fáciles— antes de intentar aplicar la técnica, para que su reloj biológico se adapte al ritmo del lugar. Una vez pasado este tiempo, nada os impide iniciar su reeducación.

FALSOS PROBLEMAS

Los «falsos problemas» son aquellas excusas bien-intencionadas con que los padres justifican no haber logrado reeducar el hábito del sueño de su hijo. Básicamente son tres:

«Mi niño es muy nervioso»

Craso error. Es verdad que los niños muy inquietos suelen tener más dificultades para aprender ciertos hábitos, pero también lo es que siempre acaban aprendiéndolos. Además, a estas alturas ya deberíais saber que cuando un pequeño no duerme bien, en vez de caer rendido, se excita. Por lo tanto, es falso que no duerma porque sea muy inquieto; al contrario, está nervioso porque no descansa bien. Esto significa dormir. Si descansa sus doce horas seguidas y hace su siesta, y cuando se despierta se muestra hiperactivo, entonces podréis afirmar que vuestro hijo es nervioso, pero si no las duerme ¡no! Dicho de otro modo, tanto si es tranquilo como si es nervioso, un niño puede aprender a comer, lavarse los dientes, recoger sus cosas, dormir bien... *siempre y cuando sus padres le enseñen a hacerlo correctamente.*

«No aguanta sin comer toda la noche»

Cuando a los padres se les pregunta cómo saben que su hijo tiene hambre, suelen contestar: «Porque llora y al darle el biberón se tranquiliza.» Pues bien, *están muy equivocados.* Los niños, como los adultos, pueden comer sin hambre. Debéis de saber que, a par-

tir de los seis meses, un bebé es capaz de regular perfectamente su nivel de azúcar en sangre y si se le alimenta a las ocho de la mañana, doce del mediodía,
cuatro de la tarde y ocho de la noche con las cantidades que el pediatra recomienda, no ha de tener sensación de hambre durante la noche y, por tanto, ha
de ser capaz de aguantar perfectamente sin comer (nos
referimos a ello en la página 50). Por lo tanto, si se despierta llorando y le «enchufan» el pecho o el biberón
y se calma, es muy probable que no sea porque necesite alimentarse, sino porque *ha logrado lo que quería: que estuvieran con él.*

«Mi hijo se despierta porque le pasa algo»

Los padres siempre intentan encontrarle una explicación a los despertares de su hijo: le duele la barriga, se encuentra mal, le están saliendo los dientes...
Sin embargo, que se despierte no implica necesariamente que le pase algo. Es lógico que los padres quieran comprobar que su pequeño no tiene fiebre, ni está
sudando en exceso, ni se ha manchado el pañal... pero
si no le pasa nada y sólo se calma cuando los mayores lo cogen, estamos sin duda ante un caso de insomnio infantil por hábitos incorrectos. Ya sabéis que todos
los humanos nos despertamos varias veces por la
noche, pero que, salvo que notemos algo raro, conciliamos el sueño rápidamente y al día siguiente ni nos
acordamos de ello. Cuando un niño no ha aprendido
a dormir correctamente, cada vez que tiene uno de

estos despertares reclamará la presencia de sus cuidadores para que le ayuden a conciliar el sueño. Si es el caso de vuestro hijo, os recomendamos que volváis a leer el capítulo 2, «No le durmáis vosotros, ha de lograrlo solo», y luego repaséis la técnica para reeducar su hábito del sueño en el capítulo 4, «Volver a empezar».

Marzo de 1997

II CARTAS

Sobre cómo lo han vivido otros padres

Hemos decidido transcribir algunos de los cientos de cartas y correos electrónicos (¡y no es una exageración!) que nos han llegado, porque quién mejor que los padres para explicar cómo se vive el problema del insomnio infantil y lo feliz que se sienten cuando recuperan sus noches. Algunas las publicamos enteras, de otras sólo hemos tomado fragmentos, pero todas nos han encantado y, por supuesto, las agradecemos todas.

Aquí las tenéis:

SIN PELOS EN LA LENGUA

«Que te duermas, ¡¡¡c...!!!»
Ésa es, tal vez, la frase que más hemos pronunciado en casa desde el 20/11/97 hasta el 11/09/98.
Esas dos fechas marcan dos sucesos clave en nuestras vidas:
20/11/97 - Nacimiento de Irene y Laura.
11/09/98 - Lectura de Duérmete, niño.
El primer capítulo de su libro describe una por una las geniales ideas que hemos tenido para intentar que los dos «pequeños monstruos» duerman, excepto la de darles una vueltecita en el coche, que nos parecía

demasiado... al fin y al cabo, somos en cierto modo personas con preparación y, ante todo, razonables.

No voy a entrar a describirle cómo han sido los casi diez primeros meses con nuestras hijas en casa, aunque haré una lista:

- *carreras por los pasillos a media noche o más*
- *ataques de nervios*
- *días de sueño en el trabajo*
- *pérdida absoluta de las aficiones-tiempo libre*
- *golpes frontales a las tres de la mañana contra ese puñetero armario empotrado, que el maldito constructor tuvo la ocurrencia de poner justo enfrente de la puerta de mi dormitorio, al lado del de las niñas... le voy a denunciar*
- *contracturas en los hombros, brazos y muñecas por las horas empleadas en mecer a las niñas en las mágicas hamaquitas que nos recomendaron para dormirlas cómodamente, ya que no se las debe dormir en brazos*
- *¿sexo?, ¿qué es «exo»?*
- *paseítos agradables a las doce de la noche, empujando el carrito por lugares oscuros y silenciosos, pero no con ánimo lujurioso (¡¡¡ah!!!, qué tiempos aquéllos), y menos mal que era verano. Vaya veranito hemos pasado, el calor afectaba a las pobres niñas que no podían dormir y pasábamos las horas maldiciendo a los niños que jugaban, a los coches que pasaban, a los perros que ladraban, al viento que soplaba, al guarro que tiraba de la cadena después de entrar en el baño (que se aguante, ¡¡¡hostias!!!), al autobús que giraba en la esqui-*

na de mi casa (tenemos que mudarnos...), si hasta llamé a la Policía para denunciar a un vecino que tenía la tele demasiado alta

• *buscar un piso más grande porque el nuestro sólo tiene dos habitaciones:* Nosotros tenemos que dormir en algún sitio y yo ya estoy harto de dormir en el salón con Laura mientras tú duermes en la que también era mi habitación con Irene, ya que la otra no podemos usarla porque con lo que grita Laura puede despertaros a Irene y a ti. Yo como tengo facilidad para dormir, da igual si me despierto mil veces en una noche... aprovecho hasta cinco minutos de sueño porque soy Supermán.

He dicho que no me iba a extender... ya es suficiente (pero hay más).

En fin, que al final y al borde de la desesperación me hablaron de su libro y lo compré.

En una noche, tras hora y media de lloros... SE DUR-MIERON ELLAS SOLAS Y ESTUVIERON DIEZ HORAS SIN DESPER-TARSE y así día tras día hasta hoy, que han pasado tre-ce días y hemos dormido más que en los últimos diez meses.

Ahora se acuestan a las 20.30 o 21.00, duermen doce horas por la noche y se echan la siesta. No hay que dormirlas, se duermen.

... Y nosotros hemos recuperado intimidad, tiempo libre y disfrutamos como enanos de las niñas, si el otro día hasta vimos una película en el vídeo y el partido del Madrid y el Barça que además empataron y como yo soy del Atleti... qué pasada.

Ahora no digo: «Que te duermas, ¡¡¡c...!!!»

Ahora cantamos: «Vamos a la cama que hay que descansar...»

Las niñas están de un humor estupendo, Laura está mucho menos nerviosa que antes y no les molestan los dientes, el calor, los gases y sobre todo... nosotros.

Enhorabuena por su libro y, sobre todo, gracias por escribirlo. ¿No tendrá otro para solucionar los problemas del Atlético de Madrid?

Una vez más GRACIAS. Saludos cordiales,

FERNANDO, MARGA, IRENE Y LAURA
The sleeping family

¡QUE VOMITO!

... pusimos una valla en su puerta para que no pudie se salir de su habitación. La primera noche vomitó. Nos llamaba, primero a uno, luego a otro, después a los dos. Nos decía llorando: «¡Eh, que vomito!», y volvía a vomitar. Yo estaba llorando por dentro, pero muy segura por fuera... No me extenderé explicándole unas reacciones que YA conoce. La segunda noche, preparé el cubo con la fregona antes de acostarla. Yo esperaba que fuese peor. Aún no me lo puedo creer, la acosté y cuando salí de su habitación, esperé los tres minutos y no lloró, no dijo nada, se durmió.

OMS

ESPERANDO EL ALARIDO

Cuando anoche dejamos a mi hijo Juan de 20 meses en la cuna y le dimos las «buenas noches», ya en el séptimo día de la «terapia», mi marido y yo nos quedamos mirándonos fijamente a los ojos en medio del salón, esperando el alarido que nos hiciera mirar el reloj y esperar los trece minutos de rigor. Hasta que, pasados unos cinco minutos intercambiamos frases como: «Esto era impensable hace diez días» o «Nunca pensé que el niño pudiera quedarse sólo y conciliar el sueño por sí mismo», mientras nos sentábamos a cenar tranquilamente.

Juan descansa en su cuna y a pesar de que llora una o dos veces durante la noche, ni siquiera es necesario mirar el reloj porque se calla antes de que pase un minuto. ¡Y qué descanso saber que no tienes que levantarte!

MJM

AL MONO, NI NOMBRARLO

Los tres primeros días se bajó de la cama y encendió la luz. Aunque nosotros esperábamos a que se durmiera para apagarla, no queríamos que se acostumbrara a dormir con ella, por lo que le explicamos que su mono nos había contado que ella la encendía y que a él le molestaba. La niña nos contestó que quitáramos al muñeco, ¡que no le gustaba! Como le replicamos que por la ventana entraba suficiente luz para ver un poquito, no volvió a encenderla, pero hasta la fecha no quiere saber nada del mono. Comenta que está enfadada con él, pero no explica el porqué.

MGP

CUANTO MÁS LEJOS, MEJOR

Ese primer día, de haberle tenido a usted cerca, le habría dado en la cabeza con algún trasto pesado. Mientras nuestra hija lloraba me acordaba de la rotundidad de sus afirmaciones en el libro y me hubiera gustado verle sentado junto a nosotros escuchándola. Sufrimos mucho ese primer día: dos horas de llanto que partía el alma, pero, de pronto, silencio... Silvia se durmió despertándose una sola vez en toda la noche. A la mañana siguiente, mi marido y yo nos abrazamos y creo que le confesé que le besaría a usted para agradecérselo.

S

SOMOS OTROS

Éste es un mensaje para decirles que, por fin, mis papás, después de casi un año, pueden dormir. Fue comprar su libro, ¡bendito sea!, llevarlo a la práctica y en tan sólo dos días, estaba durmiendo a pierna suelta. Lo más increíble es que hasta este momento solía tomar biberones por las noches y despertarme ¡¡hasta diez veces!! Mis papis no se lo pueden creer y desde ese momento no ha cambiado sólo mi carácter sino también el de ellos. Por todo esto le doy las gracias en mi nombre y en el de mis papás.

Á

EL MEJOR REGALO

Muchas gracias por este libro. Hoy es mi cumpleaños y que mi hijo duerma es el mejor regalo.

GE

SOBRE EL DOCTOR EDUARD ESTIVILL

El doctor Eduard Estivill es el responsable de la Unidad de Alteraciones del Sueño del Instituto Dexeus de Barcelona, España. En su consulta reciben tratamiento todas las alteraciones del sueño, como el insomnio de niños y adultos, los ronquidos con o sin apneas (paradas respiratorias durante el sueño), los sonambulismos, los terrores nocturnos, el *jet lag*, la narcolepsia, etcétera. Es decir, se atiende a personas que no duermen, que duermen demasiado, o bien que no dejan dormir. En su Unidad de Alteraciones del Sueño, de prestigio mundial, viene realizando un promedio de unas dos mil visitas al año, conjuntamente con sus colaboradores, los doctores Barraquer, Cilveti y De la Fuente. Además, todos ellos participan activamente en programas de investigación y ensayos clínicos de nuevos medicamentos, y ejercen una gran labor de difusión en los medios de comunicación sobre la patología del sueño. Este libro es un ejemplo de ello. Por último, cuentan con un servicio de información donde se asesora sobre la necesidad o no de asistir a la consulta por una alteración específica.

ESTE LIBRO HA SIDO IMPRESO
EN LOS TALLERES DE
LIBERDÚPLEX, S. L.
CONSTITUCIÓ, 19. BARCELONA